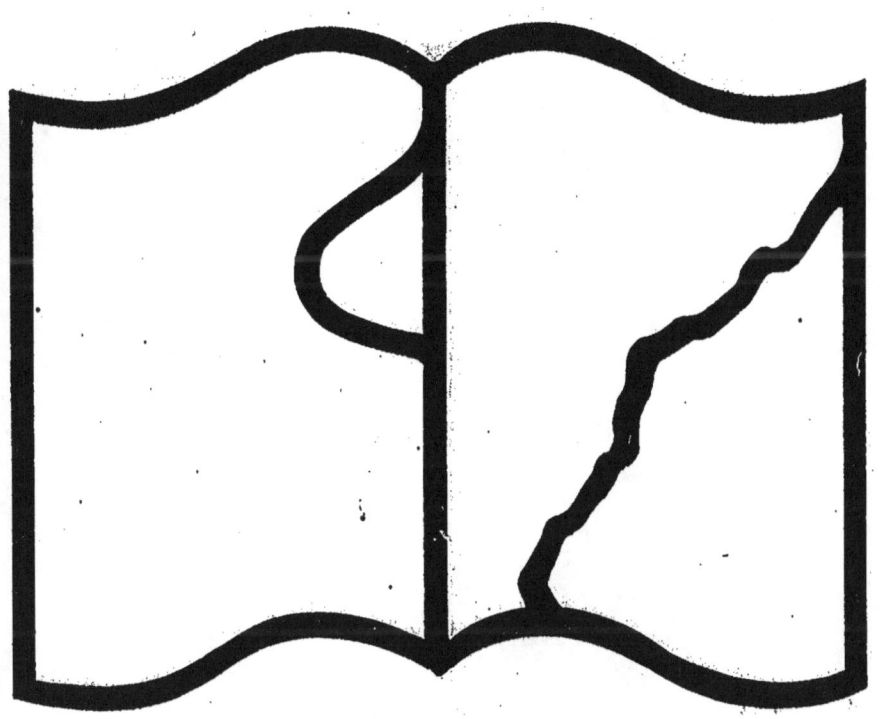

Texte détérioré — reliure défectueuse

NF Z 43-120-11

Symbole applicable
pour tout, ou partie
des documents microfilmés

ESSAI DE PHILOSOPHIE NATURELLE

LE CIEL, LA TERRE, L'HOMME

PREMIÈRE PARTIE

LE CIEL

LA NÉBULEUSE, LA PLANÈTE, LA VIE

PAR

ADOLPHE D'ASSIER

> L'univers, depuis la nébuleuse jusqu'à la cellule organique, se ramène à deux termes : l'atome et le mouvement.
> Le mouvement et l'atome sont les manifestations éternelles du temps et de l'espace.

2ᵉ édition, entièrement refondue.

FOIX
IMPRIMERIE VEUVE POMIÈS
—
1886

ESSAI

DE PHILOSOPHIE NATURELLE

LE CIEL, LA TERRE, L'HOMME

OUVRAGES DU MÊME AUTEUR

Essais de grammaire générale, d'après la comparaison des principales langues Indo-Européennes. — *Epuisé.*
Grammaire française, d'après la grammaire générale des langues Indo-Européennes, 2ᵉ édition, 1 volume in-18, cartonné.. 1 25
Histoire naturelle du langage, 2 volumes in-18. — Premier volume, Physiologie du langage phonétique.. 2 50
Deuxième volume, Physiologie du langage graphique. 2 50
Le Brésil contemporain, d'après les notes de voyage de l'auteur, 1 volume in-8°................................ 6
Souvenir des Pyrénées. — Aulus-les-Bains et ses environs, 3ᵉ édition, 1 volume in-18 .... 3 »
Essai de philosophie naturelle. — Le Ciel, la Terre, l'Homme, 3 volumes in-18. *Chaque volume se vend séparément.*
Premier volume, le Ciel, 2ᵉ édition, entièrement refondue.. 3 50
Deuxième volume, l'Homme........................... 3 50
Troisième volume, la Terre, *paraîtra prochainement.*
Essai sur l'humanité posthume et le spiritisme, par un positiviste, 1 volume in-18........................ 3 50

ESSAI DE PHILOSOPHIE NATURELLE

LE CIEL, LA TERRE, L'HOMME

PREMIÈRE PARTIE

LE CIEL

LA NÉBULEUSE, LA PLANÈTE, LA VIE

PAR

ADOLPHE D'ASSIER

> L'univers, depuis la nébuleuse jusqu'à la cellule organique, se ramène à deux termes : l'atome et le mouvement.
> Le mouvement et l'atome sont les manifestations éternelles du temps et de l'espace.

2ᵉ *édition, entièrement refondue.*

FOIX
IMPRIMERIE VEUVE POMIÈS
—
1886

AVANT-PROPOS

L'étude de l'Univers se résume dans trois termes, qui se dressent devant nous comme autant de formidables points d'interrogation : Le Ciel, la Terre, l'Homme. Qu'elle est la nature et l'origine des globes qui peuplent l'océan éthéré ? La vie que, depuis les âges géologiques les plus lointains, on voit suinter de tous les pores de la planète, d'où tire-t-elle son principe et le secret des merveilleuses formes qu'elle revêt ? Au-dessus des innombrables espèces de parasites qui se disputent l'épiderme tellurien, s'élève une mystérieuse figure. Comment établir l'arbre généalogique de cette dynastie souveraine, faire la part de ses faiblesses et de ses grandeurs, tracer la courbe de sa destinée ! D'une manière plus générale, par quels liens rattacher l'un à l'autre des termes si disparates, les masses célestes, les corps organisés, l'être pensant. Autour de cette redoutable indéterminée gravitent tous les problèmes qui, depuis le premier éveil de la conscience philoso-

phique, font l'objet de nos méditations et de nos recherches. Faute de boussole, qui leur permit de se diriger dans les ténèbres, faute aussi d'instruments pour déblayer la voie, les pionniers du grand œuvre ont succombé presque tous à la tâche, sans avoir entrevu la terre promise. Un double préjugé, ou, comme dirait Herbert Spencer, une double équation personnelle déviait leur optique, et dérobait toute perception rationnelle de l'engrenage cosmique. La première de ces erreurs, suite fatale de l'ignorance, grossissait démesurément l'importance du globule terrestre et le rôle qui lui est dévolu dans l'économie des cieux. Son immensité apparente, comparée à l'exiguité des points lumineux qui tournent autour de lui, témoignait visiblement que notre demeure est le centre de l'Univers et constitue, pour ainsi dire, le monde presque entier. La seconde, qui tirait sa source d'une sotte vanité, faisait du pygmée humain le but suprême de la création, et lui attribuait une origine céleste.

Les progrès accomplis en astronomie, depuis l'invention de la lunette et du télescope, ont eu facilement raison de la méprise relative à la Terre, et chacun sait aujourd'hui que nous habitons un globe insignifiant, perdu dans le cortège solaire. Mais il n'a pas été aussi aisé de déraciner le second préjugé, car ici, notre amour-propre est en jeu, et nous croirions déroger, en renonçant au titre de fils de l'Olympe, pour n'être plus que de simples citoyens de la planète. S'obstinant à ne pas voir les liens sans nombre qui rattachent l'homme aux autres types de la série des vertébrés, nos docteurs en métaphysique enseignent encore, que, illuminé des rayons de l'intelligence, l'être pensant relève de la divinité, dont il est une sorte d'incarnation partielle. Ces graves personnages oublient que la prétendue science sur laquelle ils appuient leur dire n'est plus qu'un monument historique, rappelant une des étapes parcourues par l'esprit humain dans la recherche du vrai. Comme la théologie qu'elle avait supplantée, après s'être hypocritement déclarée son humble servante (phylosophia théologiœ ancilla), elle s'est évanouie en fumée, à mesure que se sont constituées, sur une base rationnelle, les diverses branches des connaissances humaines, et, de nos jours, les véritables scrutateurs de la nature, n'ont garde de faire de la métaphysique, mais bien de l'astronomie, de la physique, de la chimie, de la biologie, de la sociologie, chacun suivant ses tendances personnelles. Ces sciences, s'éclairant et se complétant l'une l'autre, nous montrent les anneaux de la chaîne qui relie tous les phénomènes de l'Univers, depuis la nébuleuse, première manifestation de la matière, jusqu'à la pensée, qui en est l'expression la plus sublime. La chimie a jeté un pont sur l'abîme qui séparait le monde inerte du monde animé

VIII

en reproduisant certains composés organiques que secrètent les tissus vivants, et en créant les infusoires dans ses récipients. L'embryogénie comparée constate que l'évolution fœtale de l'homme présente la série des métamorphoses qu'on observe dans celle des vertébrés, et établit, d'accord avec l'anatomie et la paléontologie comparées, que tous les caractères propres à notre espèce se retrouvent, à divers degrés, chez les mammifères, et que notre suprématie sur ces derniers, suprématie qui nous a assuré la possession de la planète, tient uniquement à la contexture du tissu cérébral. Enfin, la physique moderne nous apprend que les différentes forces cosmiques, lumière, chaleur, électricité, etc., sont autant de modes de mouvements d'un même fluide, l'éther. De ces brillantes découvertes qui seront la gloire du XIXe siècle, découle un grand principe de philosophie naturelle : c'est que la création tout entière est une conséquence directe et immédiate des lois éternelles du temps et de l'espace. Les trois études que nous publions sous ce titre : le Ciel, la Terre, l'Homme, ont pour objet de donner un rapide aperçu de ces lois, en les résumant dans une synthèse bien imparfaite sans doute, mais qui s'agrandira d'elle-même, au fur et à mesure des progrès de la science.

LIVRE PREMIER

LA NÉBULEUSE

CHAPITRE PREMIER

LES GRANDS FACTEURS DE L'UNIVERS. — L'ESPACE. LE TEMPS. — LA MATHÉMATIQUE.

L'Univers, pour me servir d'une image empruntée à Pascal, est une sphère dont le centre se trouve partout et la surface nulle part. Il se révèle à l'homme par deux ordres de phénomènes qui fixent à chaque instant notre attention. D'un côté, l'espace est peuplé d'un nombre infini de corps de toutes grandeurs, depuis la nébuleuse aux proportions immenses, jusqu'à l'aérolithe qui vient s'échouer dans notre atmosphère. D'autre part, ces corps, loin d'être en repos, se meuvent avec des vitesses vertigineuses plus de cent fois supérieures, en moyenne, à celle d'un boulet de gros calibre, au moment où il est chassé de la pièce. L'étude du Ciel n'est donc autre que celle des globes qui le sillonnent et des forces qui animent ces masses. D'une façon plus générale, on peut dire que l'Univers, ramené à ses causes premières, ne comprend que deux termes : la matière et le mouvement.

Quelle origine assigner à la matière, et quelle conception doit-on se faire de sa nature ? D'éminents physiciens ont abordé ce redoutable point d'interrogation sans donner de réponse, parce qu'ils posaient mal le problème. Dans leur subtile analyse ils débutaient par abstraire la matière de l'espace, et se trouvaient dès lors sans boussole et sans point d'appui, à la façon d'un navigateur qui méditerait une traversée sur un océan sans liquide. Plus familiarisé que ses devanciers, avec les grandes vues de la philosophie naturelle, Faraday proclama le premier que la matière est une propriété de l'espace. Cette définition, pensons-nous, peut être serrée de plus près. La connexion qui lie la matière à l'espace est si étroite que ces deux termes s'engendrent l'un l'autre, le premier, pour parler le langage algébrique, étant fonction du second et *vice versa*. En effet, l'idée de volume suggère nécessairement celle d'espace, et la notion d'étendue implique d'une manière non moins naturelle celle de volume, c'est-à-dire de matière. On ne saurait les abstraire l'une de l'autre. L'espace sans matière, en d'autres termes le vide absolu est une conception toute subjective que répudie la nature, comme elle répudie le repos absolu dans le domaine du mouvement. L'étude des propriétés de l'espace doit donc nous acheminer à la connaissance de la matière. Or, l'espace est par sa nature infini, nécessaire, éternel, et se présente dès lors comme le premier facteur de l'Univers. Il se révèle à nos sens par son côté objectif, ou tengible, la matière qu'on peut par conséquent définir : la *manifestation éternelle de l'espace.* Nous reviendrons bientôt, d'une manière plus explicite, sur la nature de la matière et ses différentes formes, c'est-à-dire ses diverses transformations.

Mais ce n'est pas seulement la matière qui occupe l'espace, il est aussi rempli de mouvements. Si nous voulons nous faire une idée de l'effroyable quantité de force vive répandue dans l'Univers, prenons des termes de comparaison, non dans les petits mouvements que nous voyons auprès de nous sur notre chétive planète, mais dans les vitesses des masses sidérales. Il est des astres qui parcourent plus de trois cents kilomètres par seconde, et les comètes à leur passage au périhélie atteignent parfois une rapidité qui écrase l'imagination. Quelle est l'origine du mouvement ? Il est fonction du temps, comme la matière est fonction de l'espace. C'est en effet la marche d'un mobile qui donne l'idée de durée. Nous n'aurions nullement conscience de cette dernière, si tout était stable dans l'Univers. Les notions de temps et de mouvement s'engendrent l'une l'autre et forment un engrenage si serré qu'il est impossible de les disjoindre. On ne saurait toucher à la première sans se heurter à la seconde. Le temps se révèle à nous par son attribut, le mouvement. On peut par conséquent définir ce dernier, *la manifestation éternelle du temps*. Tel est le second facteur de l'Univers. Nous verrons bientôt, en l'étudiant de plus près, que le mouvement est indestructible comme la matière, et qu'il ne subit que des transformations. Lorsqu'il disparaît sous nos yeux, ce n'est pas pour s'anéantir, mais pour se continuer sous une autre forme.

Appuyons maintenant ces considérations philosophiques d'une démonstration empruntée aux sciences exactes. Il est un livre, l'algèbre, qu'on peut définir : le glossaire de la nature, car c'est le seul idiome dans lequel le redoutable sphinx daigne dévoiler ses secrets lorsqu'il consent à dialoguer avec le pygmée humain. Dès les premières pages, nous trouvons cette formule fondamentale : *zéro multiplié par l'infini* donne telle quantité que l'on veut, cette quantité étant d'ailleurs, ainsi que tous les symboles mathématiques, tirée des catégories du temps ou de l'espace. Il est dès lors naturel que ces deux éléments, qui ont l'infini pour essence, soient facteurs de l'Univers dans ces manifestations primordiales, la matière et le mouvement. Nous ne sommes pas le premier à faire appel à cette formule. Des théologiens, versés dans les hautes abstractions de l'analyse mathématique, l'avaient invoquée avant nous pour établir sur des bases scientifiques le dogme de la création. Le néant, disaient-ils, fécondé par l'infini, c'est-à-dire par Dieu, voilà le monde sorti du chaos. Leur argumentation était rationnelle. Ils ne se méprenaient que sur la nature du principal facteur.

Poursuivons notre analyse. Les deux facteurs que je viens de mentionner suffisent-ils à expliquer l'Univers ? A première vue, on ne saurait concevoir que l'espace et le temps, livrés à eux-mêmes, puissent modeler les masses stellaires, les distribuer régulièrement dans des orbes géométriques, faire surgir les magnificences de la vie à une phase déterminée de toute évolution sidérale, enfin couronner l'œuvre par les grandeurs de l'intelligence humaine, sorte de miroir de la nature où viennent se réfléter ses merveilles. Il semble qu'il doive exister un troisième facteur pour présider à la structure de l'Univers, et maintenir l'ordre admirable qui le régit. Ce facteur existe en effet, et l'école Pythagoricienne, dont les vues sur la nature des corps célestes étaient si justes, l'avait défini dans le célèbre aphorisme qui résumait sa doctrine : *Omnia reguntur numero pondere et mensura.* Tout est régi dans le monde avec nombre, poids et mesure. Mais, chose digne de remarque, ce facteur suprême que j'appellerai, avec Auguste Comte, la mathématique, n'est pas, à vrai dire, un nouvel agent, car il rentre lui aussi dans les notions de temps et d'espace. Qu'est-ce en effet que la géométrie et la mécanique? La première nous fait connaître les propriétés des lignes, et a, par conséquent, l'étendue pour domaine. La seconde, analysant les lois du mouvement, relève à la fois du temps et de l'espace. Il en est de même de la science des nombres, l'arithmétique. Ces trois embranchements de la mathématique sont, au même titre que la matière et le mouvement, des attributs du temps et de l'espace. Pour me borner à un exemple, à la portée de tous, les propriétés géométriques du cercle seront aussi vraies, aussi inflexibles, aussi immuables, dans les éternités futures, quelles l'ont été dans les éternités passées. En arithmétique, le groupe binaire *deux* a toujours été et sera toujours uniquement et exclusivement formé par l'addition de l'unité à elle-même. L'Univers viendrait à se dissoudre et à rentrer dans le néant, que cette loi numérique survivrait au chaos.

L'espace, le temps, la mathématique, tels sont au résumé les grands facteurs de la création. Ainsi que nous le verrons aux chapitres suivants, le premier état de la matière est l'atome éthéré qui remplit les espaces. Un tourbillon, ou, si l'on aime mieux, un groupement mécanique de cet atome élémentaire, donne naissance à l'atome pondérable. Ce dernier, groupé symétriquement à son tour, constitue la molécule chimique. Une vaste association de molécules produit les corps célestes qui se disposent en strates stellaires. Ces diverses agglomérations de la matière se forment et s'équilibrent sous la pression de l'éther ambiant et de la force vive qui animent ces atomes. La connaissance de l'Univers se ramène donc à un problème de statique ou de dynamique moléculaire. La *Mécanique céleste* de Laplace est le premier chapitre d'un livre immense qui embrasserait les diverses manifestations de la nature, depuis la Nébuleuse jusqu'à la Cellule organique, et dont le frontispice aurait pour titre : *Mécanique de la création*. Ce monument sublime, élevé par l'intelligence humaine à la majesté de la nature, et dont Poinsot nous a laissé quelques savantes pages (1), ne saurait être l'œuvre de notre époque. Formant la synthèse suprême de toutes les sciences, il faut au préalable que celles-ci soient définitivement constituées, et la plupart sont encore à leurs débuts. Les hommes de notre génération doivent se contenter d'extraire un à un les matériaux de l'édifice, laissant à un Newton du XX° siècle le soin d'en tracer le plan, et d'en délimiter les proportions.

(1) BERTRAND, *Les Fondateurs de l'Astronomie.*

CHAPITRE II

L'ATOME IMPONDÉRABLE ET LE MOUVEMENT.
UNITÉ DES FORCES COSMIQUES.

Le premier état de la matière, c'est-à-dire sa forme la plus élémentaire, est l'éther, fluide subtil, qui remplit l'espace, et dont les divers modes de mouvement ou de pression se manifestent, par les phénomènes de lumière, chaleur, électricité, gravitation, pesanteur, action chimique, etc.. L'existence de ce fluide, entrevu dès la plus haute antiquité par la philosophie grecque, n'a été démontrée expérimentalement que de nos jours, et c'est là, croyons-nous, la découverte capitale du siècle dans le domaine des sciences physiques, car elle nous a révélé la nature des forces cosmiques, et donné les premières notions précises sur la constitution de l'Univers. L'hypothèse de l'éther fut reprise au XVIIe siècle, par Descartes qui l'imagina pour expliquer les mouvements des corps célestes. Esprit éminemment philosophique, il avait entrevu ou plutôt soupçonné cette majestueuse unité qui relie tous les phénomènes de l'Univers ; mais ses explications, ne reposant sur aucune base mathématique, furent bientôt oubliées. Toutefois, ses continuateurs, parmi lesquels nous devons principalement citer Huyghens et Young, vulgarisèrent l'idée de l'éther en cherchant à expliquer, par des ondulations de ce fluide, les phénomènes de l'optique. Ils arrivèrent à cette conséquence étrange que la lumière ajoutée à la lumière devait, dans certaines conditions déterminées, produire de l'obscurité. Une telle conclusion, si contraire aux idées vulgaires, jeta de la défiance dans les esprits et peu de physiciens s'étaient ralliés à l'hypothèse de l'éther, lorsque Fresnel vint trancher la question.

Aidé d'Arago dans ses recherches expérimentales, il démontra, par la célèbre expérience des interférences (1) que la lumière ajoutée à la lumière produit l'obscurité, dans certains cas indiqués par la théorie des ondulations. Soumettant,

(1) Cette expérience capitale dans l'histoire de la science moderne, est des plus simples à concevoir et à exécuter. Les ondes lumineuses ont un mouvement de va et vient que nous comparerons, faute de mieux, aux oscillations d'un pendule. Si deux ondes de même longueur et de même intensité, et marchant en sens inverse se rencontrent, leur mouvement sera détruit, et l'obscurité succèdera à la lumière. Fresnel a réalisé cette expérience à l'aide de deux miroirs légèrement inclinés entre eux, c'est-à-dire faisant un angle de près de 180 degrés. En plaçant une lumière à quelques distance, on voit se produire une série de lignes brillantes alternant avec une série de lignes obscures. Dans les lignes brillantes, les ondes s'ajoutent, parce que leurs oscillations sont de même sens : dans les lignes obscures elles se détruisent parce qu'elles sont de sens contraire.

en outre, au calcul algébrique l'hypotèse de l'éther, il expliqua tous les phénomènes de l'optique, même ceux devant lesquels l'école de Newton s'était déclarée impuissante. Dès ce moment, la théorie de la lumière était fondée, et l'existence de l'éther démontrée d'une manière mathématique. Les calculs de Fresnel resteront comme un des plus beaux monuments élevés à la science par le génie de l'homme, et montrent ce que peut l'algèbre aux mains d'un grand géomètre.

L'éther révélé par l'optique reçut une éclatante confirmation de son existence en 1853, époque de la publication du livre de Boucheporn, du *Principe général de la philosophie naturelle*. Le savant physicien expliquait d'une façon aussi simple que grandiose l'attraction des corps célestes par les impulsions que reçoit le fluide éthéré des globes en mouvement, et par ceux qu'il leur imprime à son tour. Prenons comme exemple les deux corps les plus importants pour nous, de tous ceux qui sillonnent l'espace : le soleil et la terre. On sait, depuis Galilée, que le soleil exécute un mouvement de rotation sur lui-même, et, depuis Herschell, qu'il se meut dans l'espace avec une vitesse évaluée par Struve et Peters à environ deux lieues par seconde. Si on considère d'abord le mouvement de translation, nous voyons l'éther refoulé en avant du soleil dans le sens de sa marche; et un vide se former en arrière dans la direction opposée. Ce vide n'est qu'instantané, car il est rempli aussitôt par le remous des atomes éthérés, qui, se précipitant en arrière, restituent au soleil la majeure partie de la vitesse qu'il a perdue en chassant l'éther devant lui.

Supposons maintenant la terre ou tout autre planète, située à une distance du soleil telle que le remous de l'éther se fasse encore sentir. La planète, obéissant à cette sorte d'aspiration qui pousse les atomes éthérés vers le soleil, se dirigera vers cet astre, et sa vitesse deviendra évidemment d'autant plus grande que l'aspiration sera plus forte, c'est-à-dire que la distance qui sépare les deux corps célestes se trouvera plus petite.

Le même phénomène se reproduit si l'on considère le second mouvement du soleil, celui de giration, qu'il accomplit sur son axe en vingt-cinq jours et un tiers. Les atomes éthérés, refoulés de tous côtés autour du globe solaire, par sa rotation incessante, forment une suite de sphères concentriques dont la densité va constamment en augmentant depuis la surface du soleil où elle est presque nulle, jusqu'aux limites extrêmes de ce mouvement. Par conséquent, une planète située en deça de ces limites se trouvera inégalement pressée par l'éther et sera poussée du côté où les atomes éthérés sont le plus raréfiés, c'est-à-dire du côté du soleil. Elle s'avancera donc dans cette direction, et sa vitesse sera d'autant plus grande que la densité de l'éther se trouvera moindre ; en d'autres termes, que la distance qui sépare les deux astres est plus petite. Ajoutons que cette action est incomparablement plus faible que la première, car elle a à vaincre à chaque instant la résistance des vibrations éthérées, qui agissent en sens contraire de la marche de la planète.

Telle est la cause de l'attraction. Ce n'est pas une force mystérieuse inhérente à la matière, comme on le pensait autrefois, c'est une simple application des lois de la dynamique.

Le livre de Boucheporn a été pour l'astronomie ce que les calculs et les expériences de Fresnel furent pour l'optique. C'est la synthèse la plus grandiose qui ait été faite depuis Newton sur la mécanique céleste et les lois qui régissent l'Univers. L'auteur ne se borne pas à exposer les causes de la gravitation. Il découvre une foule d'harmonies sidérales échappées aux savantes analyses des astronomes, qui, depuis deux siècles, ont cherché à compléter et à agrandir l'idée Newtonienne. Nombre de problèmes que l'ancienne école n'avait pu aborder, les jugeant à jamais insolubles, d'autres, qu'elle n'avait fait qu'effleurer, ont été résolus par Boucheporn, avec une hardiesse et une sûreté de vue qui étonne non moins que la simplicité de ses aperçus. Les résultats fournis par ses calculs, concordant d'une manière frappante avec les chiffres donnés par l'observation directe, sont la confirmation la plus décisive de l'existence de l'éther, et montrent que l'astronomie moderne a enfin trouvé sa formule définitive. J'aurai plus loin occasion de citer deux de ses brillantes applications de la théorie du fluide universel, la loi des distances planétaires entrevues par Titius, et la cause du retard des marées et de leur élévation extraordinaire sur certaines côtes.

La publication de Boucheporn fut bientôt suivie d'une œuvre non moins magistrale, *l'Unité des forces physiques*, du P. Séchi. On peut dire que ces deux livres se complètent l'un l'autre de la manière la plus heureuse. Le premier, principalement consacré à l'exposition des grandes lois astronomiques, passe légèrement sur la chaleur, l'électricité, le magnétisme, les actions chimiques, et ne considère pas toujours ces phénomènes sous leurs véritables

aspects; le second, au contraire, les soumet à
une analyse aussi savante que minutieuse, tandis qu'il ne donne que des aperçus sommaires
sur les problèmes de la mécanique céleste.
Parmi les vues ingénieuses, dues au P. Secchi,
il en est une capitale, que je dois mentionner
ici, car elle jette un jour tout nouveau sur la
nature de l'éther. Je veux parler du mouvement
rotatoire de ses atomes. Ce fait, qui se présente
comme une conséquence du choc des corps non
élastiques, rend compte d'une façon aussi simple que rationnelle d'une anomalie que Fresnel n'avait pu expliquer. C'est que la lumière,
au lieu de se transmettre dans le sens de la
propagation des ondes éthérées, comme on
serait naturellement porté à le supposer, se
produit normalement à cette direction. Ajoutons
que la conception du P. Secchi se trouve confirmée indirectement par les belles expériences
de William Thomson sur les mouvements tourbillonnaires des molécules gazeuses. Si on
produit des vapeurs de chlorhydrate d'ammoniaque dans une caisse en bois, dont un
des côtés est percé d'une petite ouverture circulaire, tandis qu'un drap fortement tendu
constitue la face opposée, et si on applique un
coup sec sur cette dernière, un léger flocon
s'échappe aussitôt de l'orifice. On reconnaît à

première vue qu'outre leurs mouvements de translation, les molécules constitutives du flocon possèdent un mouvement giratoire nettement accusé. Le premier résulte du coup frappé sur la paroi élastique de la caisse, mais le second ne peut trouver sa cause que dans la nature de la force vive qui anime les particules gazeuses contenues dans le récipient; il ressort de ce fait que le mouvement rotatoire des atomes est une grande loi de l'Univers.

Des considérations d'un autre ordre ont fourni une troisième démonstration de l'existence de l'éther, démonstration plus concluante encore que les premières, car elle repose non plus sur des déductions théoriques, mais sur des faits d'observation servant en quelque sorte de sanction expérimentale. Je veux parler des changements d'aspect et de structure que subissent les comètes au voisinage du soleil. On voit leur tête s'arrondir et la nébulosité qui les entourait se replier dans la direction opposée. Ici, nul doute possible. On est en face d'une force répulsive qui refoule les molécules cométaires avec d'autant plus d'énergie que la vitesse de l'astre chevelu est plus grande. Or, cette force suppose nécessairement une pression mécanique; en d'autres termes, la résistance d'un fluide. C'est ce fluide qui a reçu le nom d'éther. A la surface de notre globe, il se manifeste par la pesanteur, c'est-à-dire par cette tendance qui porte tous les corps à retomber sans cesse vers le sol. Cette propriété est la conséquence directe de la pression que l'éther exerce sur tous les points de la surface terrestre. Il est évident, en effet, que notre planète, dans son double mouvement de translation et de rotation, au milieu du fluide éthéré, éprouve une résistance incessante de la part de ses atomes. C'est cette résistance, ou si l'on aime mieux, cette pression qui, agissant sur tous les corps situés à la surface du globe, les fait retomber en leur imprimant une force verticale qu'on nomme le poids ou la pesanteur.

On ne sait jusqu'ici que très peu de choses sur la nature de l'atome éthéré, sa ténuité étant si grande qu'elle échappe non seulement à l'observation directe, mais même à toute appréciation. On peut le définir un point mathématique, limite extrême de la matière, et possédant les propriétés essentielles de cette dernière, l'impénétrabilité et le mouvement. Touchant à l'infini par tous ses caractères on comprend sans peine que sa mobilité tienne du prodige. L'onde éthérée se meut en effet à raison de 75 mille lieues par seconde, comme le témoignent la vitesse de la lumière et celle de l'électricité, qui n'est, elle aussi, qu'un transport du fluide universel à travers la matière pondérable. On a cherché à se rendre compte de l'espacement de ces atomes. D'après les calculs de Cauchy sur l'optique, cette distance serait un deux centième environ de l'onde rouge, ce qui donnerait trois cent mille atomes pour une ligne d'un millimètre de long. Quelque invraisemblable que paraisse ce chiffre, il est cependant au-dessous de la réalité. Gaudin, ayant fait un calcul analogue pour les atomes chimiques à l'aide de deux méthodes différentes qui se confirment l'une l'autre, a trouvé, comme limite supérieure de leur écartement, un centième de millionième de millimètre. La distance qui sépare deux atomes éthérés étant nécessairement beaucoup plus petite, on peut, croyons-nous, la fixer sans exagération au dixième de cette valeur. Une ligne d'un millimètre contiendrait dès lors un milliard d'atomes. Partant de ce chiffre, il est facile d'évaluer le nombre d'atomes contenus dans un millimètre cube, c'est-à-dire dans une tête d'épingle de moyenne grosseur. Ce nombre est représenté par l'unité suivie de 27 zéros. On le voit, l'imagination est écrasée par l'infiniment petit, plus encore que par l'infiniment grand, et, pour nous rendre compte de cette effrayante accumulation de symboles, je me servirai d'une comparaison que j'emprunte à Gaudin : Si, à chaque seconde, on retranche par la pensée un milliard d'atomes éthérés d'un millimètre cube, il faudra plus de trente milliards d'années avant d'atteindre la dernière tranche.

Ajoutons, pour terminer ce que nous avons à dire sur l'atome éthéré, que de même que les corps célestes dont il représente en quelque sorte l'extrême limite et le dernier terme, il n'est jamais en repos et possède le double mouvement de translation et de rotation. Le premier résulte de l'agitation incessante qui règne dans l'Univers. Le second, que le P. Secchi a si judicieusement invoqué pour expliquer certains phénomènes physiques, entre autres, les vibrations transversales qui produisent la lumière, est une conséquence naturelle des lois de la dynamique, car, ainsi que l'a établi Poinsot, un atome en rebondissant sur un autre peut, dans certaines circonstances déterminées, transformer une partie de son mouvement de translation en mouvement de rotation.

La ténuité de l'éther a pour corollaire la présence de ce fluide dans tous les corps qui sillonnent l'espace. On sait que la matière résulte d'une agglomération d'atomes chimiques, séparés par des intervalles qui communiquent entre eux et au dehors. Ces intervalles diminuent de volume à mesure que la densité augmente, mais ne disparaissent jamais complètement. C'est là un fait acquis à l'expérience et qui forme une des bases de la physique et de la chimie modernes. L'éther, baignant chaque corps et le pressant de tous côtés, pénètre dans l'intérieur par les pores de la surface, et se loge dans tous les interstices qu'il rencontre. Ainsi emprisonné, il échappe à l'observation, mais se révèle par l'électricité. Les applications journalières de cette branche de la physique à l'industrie sont autant de preuves directes de la présence des atomes éthérés au sein de la matière pondérable. Dès qu'on met en communication les deux pôles d'une pile en activité, on constate que le fil conducteur est traversé par un courant. Ce courant offre tous les caractères d'un fluide qui s'écoule dans un tube. C'est un fluide en effet, car il provient des atomes éthérés encastrés dans les matériaux de la pile qui, se trouvant désorganisés, mettent ces atomes en liberté. Ceux-ci s'échappent alors par le fil métallique, dont les vides intérieurs leur servent de canal de décharge. D'autre part, l'étincelle électrique et la vitesse du courant, qui rappelle celle de la lumière, ne laissent aucun doute sur la nature du fluide que les actions chimiques mettent en mouvement.

De la présence de l'éther dans l'intérieur des corps découlent deux conséquences capitales.

En premier lieu, la somme des vides qui séparent les atomes pondérables étant, d'après les inductions les mieux fondées, beaucoup plus grandes que celles de ces atomes, il s'ensuit que l'éther occupe la majeure partie du volume des corps, et par conséquent ce fluide joue le premier rôle dans la production des phénomènes qui ont pour siège la matière. Les découvertes qui marquèrent la première moitié du siècle établirent successivement ce fait pour la lumière, la chaleur, l'électricité, le magnétisme. Du moment qu'on constatait que la lumière est due aux vibrations de l'éther, on démontrait qu'il en est de même de la chaleur, car toute source lumineuse émet des rayons calorifiques. L'étude des courants engendrés par la pile ne tarda pas à faire voir que l'électricité provient d'un transport du fluide éthéré au sein de la matière pondérable, et on sait qu'Ampère rattacha le magnétisme aux phénomènes électriques, en démontrant que les aimants agissent comme des solénoïdes. Les travaux des physiciens et des chimistes contemporains, résumés d'une façon si magistrale dans le livre du P. Secchi, l'*Unité des forces physiques*, ont établi que l'éther est également le principe de la gravitation, de la pesanteur, de la cohésion et de l'affinité chimique, ainsi que de la capillarité et de l'endosmose, qui tiennent une si grande place dans l'évolution du règne organique. On peut donc avancer que toutes les forces cosmiques ont pour point de départ un ébranlement de l'éther et ne diffèrent entre elles que par les modes de mouvement de ce fluide. Cette grande loi de philosophie naturelle connue sous le nom d'*unité des forces physiques*, est la conquête capitale de notre époque dans le domaine de la spéculation scientifique.

En second lieu, les forces cosmiques résultant des différents modes de vibrations de l'éther, on s'est demandé si ces divers mouvements ne sont pas susceptibles de se transformer les uns dans les autres, à la façon des forces employées aux applications de la mécanique ; en d'autres termes, la lumière, par exemple, ne peut-elle pas engendrer tour à tour, suivant son degré d'intensité et les milieux qu'elle traverse, des effets calorifiques, électriques, magnétiques, chimiques, etc.? L'expérience a pleinement confirmé ces prévisions. Toute action chimique, toute source lumineuse, calorifique ou électrique portées à une certaine puissance, produisent une sorte de gamme vibratoire dont les notes représentent les différentes forces physiques. On connaît les ingénieuses expériences imaginées par Tyndal, pour suivre et rendre sensible ces transformations. Les vibrations de l'éther mettant en branle les molécules de la matière, et celles-ci transmettant à leur tour le mouvement au fluide éthéré, tel est le double engrenage qui relie les agents cosmiques, synthèse grandiose montrant que l'attraction des globes célestes, aussi bien que celle des molécules chimiques, relèvent du même principe qui portent deux corps électrisés à se précipiter l'un sur l'autre sous la pression inégale de l'éther accumulé à leur surface. Le fluide impondérable et la force vive qui l'anime, en d'autres termes, l'atome et le mouvement, tels sont au résumé les acteurs du grand drame de la nature.

CHAPITRE III

L'ATOME PONDÉRABLE ET LA MATIÈRE. — UNITÉ DES MASSES COSMIQUES.

Nous venons de voir que l'atome éthéré constitue le premier état de la matière. Le second est l'atome chimique, formé par un tourbillon ou si l'on aime mieux par un groupement mécanique d'atomes éthérés. Son mode de structure échappe à l'observation directe, mais on peut s'en rendre compte par l'étude des tourbillons stellaires. Une même loi mathématique régit en effet l'Univers, depuis l'infiniment grand jusqu'à l'infiniment petit, si bien que ces deux termes sont d'un même poids dans la balance de la nature. Lorsqu'on observe une étoile au télescope il arrive souvent qu'elle se dédouble. On voit alors deux soleils tournant dans des orbes elliptiques autour de leur centre commun de gravité, c'est un système binaire. Parfois l'un des deux se dédouble à son tour. Les deux nouvelles composantes offrent l'une, par rapport à l'autre, un second mouvement orbital semblable au premier. L'ensemble des trois astres constitue une étoile triple. Nous en avons un exemple dans le système du soleil, de la terre et de la lune. Notre globe et son satellite tournent mensuellement autour de leur centre commun de gravité, tout en effectuant avec le soleil un second mouvement analogue qui s'accomplit dans un an. On connaît des étoiles quadruples, quintuples, sextuples. Il en est de plus complexes encore, car il faut tenir compte des globes obscurs que nous ne pouvons apercevoir, et ne pas oublier que chaque étoile est généralement le centre d'un tourbillon planétaire qui rappelle le nôtre. L'étude des groupements stellaires nous fait pressentir qu'il doit exister des systèmes binaires, ternaires, quaternaires, etc. d'atomes éthérés formés comme les précédents sous la pression de l'éther, qui les force à se grouper mécaniquement, c'est-à-dire à prendre une position d'équilibre capable de résister aux poussées du dehors. L'analogie est d'autant plus complète que, ainsi que je l'ai dit au chapitre précédent, l'atome éthéré possède comme les globes célestes, le double mouvement de translation et de rotation. Un de ces groupes éthérés, qu'il serait d'ailleurs difficile, dans l'état actuel de nos connaissances, de préciser quant à sa forme, à ses dimensions et au nombre des composantes, constitue l'atome pondérable, je veux dire le premier état de la matière. L'atome pondérable, groupé à son tour en polyèdre régulier, forme l'atome chimique.

La conception de l'atome chimique, autre conquête capitale de notre époque, n'a pas été moins laborieuse que celle de l'atome éthéré, car ce n'est qu'après un demi-siècle de recherches, de tâtonnements et de controverses, qu'elle a pris rang dans la science. Ces deux notions, les plus fécondes peut-être de la philosophie naturelle, se complètent l'une l'autre, en établissant la première, l'unité de la matière, la seconde, l'unité des forces qui la régissent. Dès que Lavoisier eut jeté les fondements de la chimie moderne, par ses belles expériences sur la composition de l'air atmosphérique, et le rôle que joue l'oxygène dans la formation des oxydes et des acides, on ne tarda pas à constater que les corps simples s'unissent suivant des quantités invariables pour chacun d'eux. C'est la loi des proportions fixes. Dalton, faisant un pas de plus, établit la loi des proportions multiples, sorte de corollaire du principe précédent; il reconnut que ces lois supposent implicitement l'existence de l'atome chimique, dont le poids relatif est donné par celui des éléments qui entrent en combinaison, et dressa la première liste des poids atomiques. L'hydrogène étant le plus léger de tous les corps, c'est à son poids qu'il rapporta celui des autres substances. Les chiffres donnés par Dalton, inexacts à raison des méthodes imparfaites de l'époque, et bornés à quatorze corps simples, offraient une particuliarité remarquable. Ils étaient entiers, et par conséquent multiples du poids atomique de l'hydrogène. Prout, frappé de ce fait, entrevit une grande loi de la nature. Il posa en principe que les corps simples, considérés jusqu'alors comme d'essence différente, ne contenaient qu'une seule matière à divers états de condensation, et dont l'élément primordial est l'atome d'hydrogène. Dans cette manière de voir, les poids atomiques du carbone de l'oxygène, du soufre, étant respectivement six, huit, seize, indiquent que la première de ces substances est formée de six atomes d'hydrogène, la seconde de huit, la troisième de seize. Prout était tellement convaincu de la vérité de son hypothèse, qu'ayant refait et complété la liste des poids atomiques des corps simples, et n'en trouvant que huit qui fussent entiers, il corrigea arbitrairement les autres, pour les faire rentrer dans la loi commune. Le temps a donné raison, non toutefois sans y apporter des tempéraments, aux vues du chimiste anglais. A mesure que les méthodes d'analyses se sont perfectionnées, les poids atomiques ont perdu leurs décimales, grâce surtout aux savantes recherches de Dumas qui s'était imposé la tâche de faire triompher la loi de Prout ; et, à l'heure qu'il est, on ne compte plus qu'une demi-douzaine de chiffres récalcitrants. Sur soixante-deux corps simples, quarante-six sont multiples de l'hydrogène, et la liste s'élève à cinquante-six si l'on réduit de moitié l'unité de poids, c'est-à-dire si l'on admet que la molécule d'hydrogène se compose de deux atomes plus élémentaires. Il est à présumer que les dernières exceptions disparaîtront à la suite de nouvelles analyses plus précises, surtout si l'on prend pour unité comparative le quart ou le cinquième de celles qu'avaient choisies Dalton, en d'autres termes, si l'on considère la molécule d'hydrogène comme formée de quatre ou cinq atomes. Prout s'était mépris en supposant que ce gaz représente le premier état de condensation de la matière. Nous savons aujourd'hui qu'il n'en est pas ainsi. Un grand nombre de combinaisons de l'hydrogène restent inexplicables, si l'on n'admet que son élément chimique ou molécule est formé de deux particules plus petites ou atomes. D'autre part, l'analyse de la lumière distingue dans certaines nébuleuses naissantes un gaz plus élémentaire que l'hydrogène, je veux dire d'une densité incomparablement plus faible, et Ampère a démontré, par des considérations tirées de la géométrie, que la molécule d'un corps simple ne peut prendre de forme polyédrique, si elle ne contient au moins quatre atomes placés au sommet de la figure.

Ces considérations nous permettent de pénétrer dans le monde invisible des atomes et d'avoir un aperçu de leur mode de structure. Le premier degré de condensation de la matière paraît être le gaz rudimentaire qui accompagne l'hydrogène et l'azote des nébuleuses naissantes. Il est à présumer que la molécule de ce gaz correspond à la forme géométrique la plus simple, et qu'elle comprend quatre atomes pondérables, c'est-à-dire quatre tourbillons d'atome éthérés occupant les sommets d'un tétraèdre régulier. Un groupement de cinq atomes donnerait la molécule d'hydrogène. Celle-ci, groupée à son tour de diverses manières, constitue la plupart des corps simples. Ceux qui ne sont pas multiples de l'hydrogène le seraient du gaz élémentaire ou tout au moins de son atome. L'étude chimique des nébuleuses et des étoiles semble appuyer cette manière de voir et confirmer la loi de Prout légèrement modifiée. Ainsi que je viens de le dire, le spectroscope ne découvre dans les mondes naissants que des gaz parmi lesquels prédomine l'hydrogène. A mesure que la masse se refroidit, on voit diminuer la matière gazeuse, tandis qu'apparaissent les métaux, puis les métalloïdes, d'autant plus nombreux et d'autant plus abondants que l'hydrogène devient plus rare. On assiste ainsi à la transformation directe, et si j'ose dire, tangible de cet élément en corps simples. L'association de deux corps simples donne une molécule plus complexe, celle des composés binaires de la chimie, tels que les oxydes et les acides. Les composés ternaires et quaternaires proviennent d'assemblages de trois corps simples ou de quatre. Il existe des formations encore plus compliquées, notamment dans la chimie organique. Lorsque deux molécules de nature différentes se groupent pour constituer une nouvelle substance, il faut nécessairement qu'elles soient dissoutes dans un liquide qui leur serve de véhicule. Dès qu'on leur communique un certain ébranlement, à l'aide de la lumière, de la chaleur ou de tout autre action mécanique, elles se mettent en mouvement, et si ce travail de structure moléculaire se fait dans un milieu tranquille, on voit apparaître des cristaux, c'est-à-dire des solides à formes géométriques. Mais l'état cristallin est très rare en dehors de nos laboratoires. Généralement la matière se présente à l'état amorphe, ce qui s'explique sans peine, sa formation ayant lieu d'ordinaire au sein d'une nature bouleversée.

Entrons plus avant dans la structure des cristaux. Nous avons à ce sujet un précieux guide, l'*Architecture du monde des atomes*, de Gaudin. Le savant physicien débute par ce point d'interrogation : Pourquoi les molécules chimiques se groupent-elles symétriquement et en proportions définies pour former un cristal ? Il trouve la réponse dans la pression que l'éther exerce de toutes parts sur les éléments de la matière, pression formidable, à en juger par la foudre, qui est due à une rupture d'équilibre entre le fluide éthéré de deux régions voisines. Sous cette action incessante, les molécules chimiques se groupent en un faisceau géométrique simple et homogène, de telle façon qu'il puisse offrir le maximum de résistance aux poussées du dehors. Passant ensuite de l'analyse à la synthèse, Gaudin nous montre, par divers exemples, le mode de structure moléculaire. Prenant pour point de départ les données numériques fournies par la chimie sur la constitution des corps cristallisables, il essaie de construire, molécules par molécules, la figure géométrique de ces diverses substances, en s'inspirant toujours des lois de la symétrie et de l'équilibre. Le polyèdre qu'il obtient, pour chacune d'elles, reproduit exactement par le nombre et la disposition des sommets et des arêtes, ainsi que par l'inclinaison des faces, le cristal sorti de nos laboratoires. La démonstration ne saurait être plus complète. L'oxyde de fer magnétique, par exemple, comprend trois molécules de fer et quatre d'oxygène. Comment disposer ces sept éléments pour constituer le solide géométrique le plus simple et le plus stable ? On forme un carré avec les quatre molécules d'oxygène, et on place au centre une molécule de fer, tandis que les deux autres se disposent l'une au-dessus, l'autre au-dessous de cette dernière et à une certaine distance, de telle façon que ces trois éléments sont sur une ligne droite perpendiculaire au plan du carré. On obtient ainsi un octaèdre régulier. En distribuant avec symétrie un certain nombre de groupes moléculaires autour du premier, on construit une figure semblable au cristal d'oxyde de fer magnétique.

L'isomérie a fourni à Gaudin une éclatante confirmation de la justesse de ses vues. On sait que certaines substances organiques dites isomères, telles que l'essence de citron et l'essence de térébenthine, possèdent des propriétés physiques et chimiques, entièrement dissemblables, bien qu'elles aient même composition atomique. De plus, celles qui cristallisent appartiennent à des systèmes différents. Le savant physicien soupçonna que leurs molécules peuvent se grouper régulièrement de deux façons distinctes, et il reproduisit en effet les deux cristaux en affectant à chacun d'eux un plan différent de symétrie.

Les formules inexactes, qu'on rencontre parfois dans les traités de chimie ou de minéralogie, ont conduit elles-mêmes à une démonstration non moins rigoureuse que les précédentes. Gaudin, ne pouvant construire une figure symétrique avec de telles données numériques, concluait qu'il y avait erreur dans un des chiffres de la formule. Il soumettait ses doutes aux minéralogistes, les engageait à recommencer l'analyse de la substance rebelle, et le résultat des nouvelles recherches donnait raison au savant architecte *du monde des atomes.*

Gaudin ne s'est pas borné à étudier la structure moléculaire des cristaux. Il a cherché également à se rendre compte de la distance qui sépare les éléments primordiaux de la matière pondérable et à déterminer ainsi le diamètre, le volume et le nombre de molécules chimiques contenus dans un millimètre cube. Il a imaginé, à cet effet, deux ingénieux procédés fondés, l'un sur l'emploi du microscope, l'autre sur les phénomènes de la capillarité. Ces deux méthodes, conduisant aux mêmes résultats, acquièrent la valeur d'une démonstration géométrique. Je me contenterai d'exposer sommairement la première. Lorsqu'on examine au microscope un infusoire s'agitant le long d'une règle divisée en millièmes de millimètres on reconnaît que son diamètre est égal à une de ces divisions infinitésimales. L'infusoire n'apparaît encore que comme un globule sphérique. Avec un grossissement plus fort, on aperçoit des appendices qui lui servent de nageoires. A première vue, on peut évaluer la grosseur de la molécule constitutive de ces appendices, au millième du volume de l'infusoire, et par conséquent à un millionième de millimètre. Mais avec un grossissement encore plus considérable on distingue, dans les nageoires, des muscles, des nerfs, des vaisseaux, etc.. Le diamètre de la molécule élémentaire doit donc être réduit au moins au dixième du précédent, je veux dire à un dix millionième de millimètre. Si l'on suppose que la distance qui sépare deux molécules soit dix fois plus petite que leur diamètre, et c'est là l'évaluation la plus modérée, il s'ensuit que cette distance n'excède pas un cent millionième de millimètre. D'après ces données, il est facile de calculer le nombre de molécules chimiques contenues dans un millimètre cube, c'est-à-dire dans un volume de la grosseur d'une tête d'épingle. Ce nombre est représenté par 125 suivi de 18 zéros. La quantité d'éléments exprimée par ces chiffres est si prodigieuse, que si on les enlevait par tranches d'un milliard répétées à chaque seconde, il faudrait plus de trente millions d'années pour terminer l'opération. On le voit, l'infiniment petit se dérobe à nous d'une manière aussi absolue que l'infiniment grand. Notre entendement limité en quelque sorte par le volume du cerveau ne peut embrasser que quelques termes de la série mathématique qui relie les deux pôles de l'Univers.

Ajoutons que les chiffres de Gaudin s'accordent d'une manière beaucoup plus satisfaisante qu'on n'oserait espérer dans ce genre de calcul, avec ceux que Clausius, Maxwell, William, Thomson, etc. ont trouvé par d'autres méthodes. C'est toujours un millionième ou une fraction de millionième de millimètre, qui représente les diamètres moléculaires. Ces légères différences se comprennent d'autant mieux que l'analyse de Gaudin s'applique à des molécules organiques, tandis que les physiciens que je viens de citer avaient principalement en vue, dans leurs calculs, les molécules gazeuses. Les premières, les plus complexes de la chimie, sont nécessairement plus volumineuses que les secondes, car c'est le nombre des atomes constitutifs qui détermine avant tout la grandeur de la molécule. Par contre, les particules gazeuses sont plus espacées, grâce à la liberté de leurs mouvements, que les particules organiques, celles-ci se trouvant en quelque sorte soudées entre elles, par leur nature même.

De ce que nous venons de dire sur la structure des corps simples découle un grand principe de philosophie naturelle : L'unité de la matière. Cette loi comprend non seulement toutes les substances terrestres, mais encore toutes les masses disséminées dans l'Univers. L'analyse des météorites qui tombent sur notre globe démontre que les corps simples qui entrent dans leur composition sont les mêmes que les nôtres. De son côté le spectroscope retrouve une constitution analogue dans les éléments chimiques du soleil, des comètes, des étoiles et des atmosphères planétaires. Certaines nébuleuses en voie de formation accusent, il est vrai, un gaz moins dense que l'hydrogène. Mais, ainsi que nous l'avons dit, l'atome de ce gaz représente le premier état de la matière et est un sous-multiple de celui de l'hydrogène. On ne rencontre donc dans l'espace qu'une eule substance pondérable à divers degrés des condensation. L'unité de la matière a pour conséquence un fait capital : c'est que les propriétés physiques et chimiques des corps dépendent uniquement du mode de structure moléculaire. En effet, les éléments constitutifs de deux substances, ne différant que par le nombre des atomes, leur mode de groupement et la vitesse qui les anime, il est évident qu'une telle diversité de composition entraîne des dissemblances radicales dans les propriétés de ces corps. Ce fait est surtout mis en relief par l'étude des composés isomères, qui diffèrent complètement de nature et d'aspect, bien qu'ayant même constitution chimique. L'étude de la chimie se trouve ainsi ramenée, comme celle de l'astronomie, à un calcul de masses et de vitesses, ou plutôt de volume et de vitesses atomiques (1). La mécanique moléculaire complètera la mécanique céleste, le jour ou un nouveau Lagrange trouvera le secret des formules analytiques propres aux mondes des atomes.

Nous venons de voir comment les molécules chimiques se groupent pour constituer les diverses formes de la matière. Il nous reste à dire quelques mots sur la genèse de la matière elle-même et des masses cosmiques.

Supposons des molécules pondérables apparaissant successivement sur différents points

---

(1) Boucheporn a le premier observé que, dans la conception de l'éther, comme cause de la gravité, il faut remplacer dans les calculs astronomiques les masses par les volumes et les vitesses. De son côté, le P. Secchi a remarqué que les nombres exprimant les intensités relatives de certaines propriétés moléculaires sont proportionnelles plutôt au volume des corps qu'à leur masse.

de l'éther, constituées par autant de tourbillons d'atomes de ce fluide, et possédant, comme l'élément éthéré, le double mouvement de rotation et de translation. Sous l'action de la gravité, elles s'agglomèrent l'une après l'autre, augmentent graduellement de volume, atteignent une haute température par suite du calorique dégagé par les chocs, et finissent à la longue par constituer une nébuleuse. Telle est l'hypothèse généralement adoptée comme la plus simple et la plus naturelle pour expliquer la genèse des mondes. En réalité, c'est une pure fiction de notre entendement limité, qui, ne pouvant embrasser l'infini est toujours enclin à lui supposer un commencement. L'étude des nébuleuses proprement dite nous montre que la nature ne procède pas ainsi. Lorsqu'on examine une de ces masses, telle que celle des *chiens de chasse*, du *Lion*, de la *Vierge*, etc., à l'aide d'un puissant télescope, on est frappé de trois choses : l'immensité de l'espace qu'elle occupe, le vide qui l'entoure, le mouvement en spirale de la matière qui la compose. On a sous les yeux un tourbillon aux proportions titaniques rappelant les cyclones qu'on observe à la surface du soleil et de la terre, et provenant sans nul doute d'une cause analogue, une rupture d'équilibre dans la force vive qui anime l'éther de deux régions voisines. Sous cette action mécanique, dont nous ne saurions concevoir la puissance, la matière se condense aux dépens des atomes éthérés qui se rencontrent sur le passage du tourbillon. Avec le temps, des centres de condensation apparaissent au sein de cette masse. Ce sont autant de soleils naissants qui finissent par vivre d'une vie propre et par s'entourer d'un cortège de satellites. Tel paraît être le mode de formation des groupes stellaires.

Un mot maintenant sur le mouvement qu'affecte la matière, je veux dire sur les orbes que décrivent, soit les corps célestes, soit les atomes chimiques. Les uns et les autres possèdent aussi bien que l'atome éthéré le double mouvement de giration autour d'un axe, et de translation dans l'espace. Ce dernier est celui qui offre le plus d'intérêt, et je dois lui consacrer quelques lignes.

La spirale tracée par la matière des nébuleuses, en voie de condensation, en est le type et le modèle. On la retrouve dans la révolution des planètes et des satellites autour du globe central, dans les cyclones qu'on observe à la surface du soleil et de la terre, et jusque dans la marche de la sève végétale et animale. Racines, branches, feuilles, épines et fleurs sont placées en spirale autour de l'axe qui les porte. Mêmes dispositions dans les poils, les plumes, les écailles des animaux. L'élément spiral qu'affecte la marche des corps célestes est d'ordinaire elliptique. Mais il peut être aussi parabolique ou hyperbolique. Cette transformation est aisée à concevoir, car les trois courbes qui en dérivent appartiennent à une même famille, celle des sections coniques, ainsi nommées de ce qu'on les obtient en coupant un cône par un plan diversement incliné. Lorsque la section est parallèle à la génératrice du cône, elle donne une parabole, courbe intermédiaire qui écarte ses branches pour passer à l'hyperbole, dès que le plan sécant se rapproche du sommet du cône, tandis qu'elle les ferme et tourne à l'ellipse quand le plan s'incline en sens inverse. Dans la mécanique céleste, la vitesse fait office de plan sécant, car la nature de la trajectoire dépend de l'énergie qui anime la masse. Si le mouvement se ralentit pendant que le mobile décrit une parabole, les branches s'infléchissent en ellipse. La nouvelle courbe, d'abord très allongée, se raccourcit, à mesure que diminue la vitesse, et se rapproche de plus en plus de sa limite, le cercle. Le mouvement s'accroit-il, c'est l'hyperbole qui se dessine. Les branches s'écartent d'autant plus que l'accélération est mieux marquée et qu'elles convergent vers la ligne droite. Les comètes nous offrent journellement des exemples de ces transformations de mouvement et de trajectoire. Supposons qu'un de ces astres, arrivant des limites de notre système, se dirige vers le soleil, en décrivant un arc parabolique. Il est rare que sa marche ne soit pas modifiée par l'influence attractive des planètes. L'orbite tourne à l'ellipse ou à l'hyperbole, suivant que l'action perturbatrice ralentit ou accélère la vitesse. Dans le premier cas, la comète devient périodique. Dans le second, elle s'élance vers l'infini après avoir contourné le soleil. Il en est de même en mécanique moléculaire. L'analyse mathématique, appliquée aux mouvements atomiques des gaz et des vapeurs, démontre que ces corpuscules invisibles rebondissent, suivant des lignes hyperboliques, sur la paroi du vase qui les renferme, tant que la chaleur les tient écartés. A mesure que la température s'abaisse, les vitesses se ralentissent, les molécules se rapprochent, leur trajectoire tourne à la parabole, puis à l'ellipse, qu'elles atteignent quand la masse gazeuse se solidifie après être passée à l'état liquide. Ainsi la force vive qui fait mouvoir les corps célestes anime également les particules invisibles de la matière, et le problème de la grande indéterminée se ramène à une formule algébrique, dont les termes sont : l'atome et le mouvement. Le mouvement a pour conséquence la transformation, c'est-à-dire la création tout entière. Le transformisme de Darwin n'est en effet qu'un cas particulier du travail incessant qui modifie la matière, pour faire sortir la nébuleuse incandescente d'une condensation de l'éther, et la cellule organique de la nébuleuse refroidie. Une équation transcendante de mécanique moléculaire, menant graduellement, par transformations successives, de l'atome primordial à l'être pensant, tel est au résumé le secret de la structure de l'Univers.

CHAPITRE IV

DISTRIBUTION DE LA MATIÈRE DANS L'ESPACE. — GROUPES OPTIQUES OU CONSTELLATION. — GROUPES RÉELS OU NÉBULEUSES. — AMAS D'ÉTOILES. — VOIE LACTÉE. — NUÉES DE MAGELLAN.

L'unité cosmique de la matière disséminée dans l'Univers est l'étoile, de même que la molécule des corps simples en est l'unité chimique. L'étude des nébuleuses nous apprend que les masses stellaires, loin d'être jetées au hasard, sont disposées en groupes que séparent d'insondables espaces. Qu'une étoile soit un astre errant comme les comètes au début de leur course, elle subira infailliblement le sort de ces dernières qui, tôt ou tard, viennent s'incorporer dans un des systèmes qu'elles traversent. Sous l'action de la gravité et du double mouvement de rotation et de translation qui animent tous les corps célestes, les éléments stellaires de chaque groupe variable en nombre et en volume, s'équilibrent avec un ordre admirable qui rappelle à certains égards celui que nous avons observé dans la structure moléculaire des cristaux. Mais l'observateur qui contemple superficiellement le ciel ne distingue que les groupes optiques, je veux dire les assemblages de hasard, où sont comprises toutes les étoiles qui se trouvent sur la direction du rayon visuel. Ce sont les constellations.

Leur liste commencée dès l'aube des temps historiques par les premiers explorateurs de la voûte azurée, n'a été close qu'au siècle dernier. L'école d'Alexandrie comptait 48 astérismes embrassant tous les groupes stellaires visibles des côtes de la Méditerranée. On les subdivisait ainsi : 21 dans l'hémisphère nord, 15 dans l'hémisphère sud, 12 dans le zodiaque. Lors de la découverte de la route maritime des Indes, les compagnons de Vasco de Gama, et, plus tard, ceux de Cristophe Colomb, signalèrent 12 nouvelles constellations, et, en 1752, Lacaille, établi au cap de Bonne-Espérance pour dresser la carte du ciel entarctique, ajouta 14 astérismes à ceux des navigateurs du XV° siècle. De leur côté Tycho-Brahé et ses successeurs, remarquant que les constellations d'Hipparque et de Ptolémée laissaient parfois des vides entre elles, cherchèrent à combler ces lacunes en créant de nouveaux groupes d'étoiles. Ce travail de revision et d'interpolation terminé, on éleva au rang d'astérisme de petits amas stellaires, tels que les *Pléiades* et les *Hyades* du *Taureau*, la *Crèche* du *Cancer*, etc.. Ces subdivisions, dans lesquelles la fantaisie tient souvent une large place, n'ont pas toujours reçu l'approbation des astronomes, mais on peut, avec Arago, porter à 117 le nombre des constellations généralement admises. 63 appartiennent à l'hémisphère Boréal, 54 à l'hémisphère Austral. Je vais citer sommairement les plus remarquables, en commençant par celles du ciel arctique.

La constellation la plus importante pour nous est la petite *Ourse*. On la nomme aussi le petit *Chariot*, parce que les sept étoiles qui la composent rappellent vaguement la forme de ce véhicule. Celle qui se trouve à l'extrémité du timon a reçu le nom de *Polaire*, elle est de deuxième grandeur, située à un degré 20 minutes environ de l'axe du monde ; elle semble fixe sur cet axe lui-même, tandis que tous les astres du firmament paraissent tourner autour d'elle, par suite du mouvement diurne, c'est-à-dire de la rotation terrestre. Cette immobilité apparente au voisinage du pôle arctique a depuis longtemps attiré l'attention des navigateurs, qui, voulant s'orienter, tournent leurs regards sur elle pour reconnaître la direction du Nord. Mais ce rôle de polaire n'est que passager. Par suite de la précession des équinoxes, dont nous parlerons plus loin, les constellations tout en conservant leurs positions relatives se meuvent sur la sphère céleste, de façon à la parcourir en entier, dans un cycle de près de 26 mille ans. Cette marche apparente des étoiles a poussé la Polaire assez près de l'axe du monde, pour lui faire prendre le nom qu'elle porte depuis plus d'un millier d'années. Elle s'en approchera encore jusque vers l'an 2,105 de notre ère, puis s'éloignera et perdra sa dénomination le jour où une autre étoile, suffisamment visible à l'œil nu, se trouvera plus près qu'elle du pôle. La petite *Ourse* est placée entre deux constellations faciles à distinguer, et qui servent à la reconnaître. Ce sont la grande *Ourse* et *Cassiopée*. La première se nomme le grand *Chariot*, parce que les sept étoiles qui la composent rappellent la disposition de la petite *Ourse*, bien qu'elles soient plus espacées. De l'autre côté de la Polaire, et à une égale distance, se trouve *Cassiopée*, dont les cinq étoiles représentent un V un peu disloqué. Non loin de là on remarque le grand carré de *Pégasse*, dont l'un des angles se continue par les trois étoiles d'*Andromède*. Quatre autres constellations, renfermant chacune une étoile de première grandeur, méritent aussi de fixer l'attention. Ce sont le *Bouvier*, le *Cocher*, la *Lyre* et l'*Aigle*. Le *Bouvier*, situé près de la grande *Ourse*, offre un pentagone de cinq étoiles, dont l'une d'elles, *Arcturus*, est un puissant soleil. Dans la *Chèvre*, autre pentagone de cinq étoiles placées au-dessus du Taureau, brille la *Chèvre*. La Lyre renferme *Véga*, l'étoile la plus belle du ciel boréal, et l'*Aigle*, *Altaïr*. Citons également le *Cygne* qui se dessine en croix dans la voie lactée, et dont une des composantes, la 61°, a acquis une certaine célébrité dans ces derniers temps. Nous aurons bientôt occasion d'y revenir.

Passons aux constellations australes. Celle qui se présente la première à nos regards par son éclat est *Orion*, composée de sept magnifiques étoiles, dont deux, Bételgeuse et Rigel, de première grandeur. Quatre de ces astres forment un grand quadrilatère, tandis que les autres appelés les trois *Rois* sont disposés dans l'intérieur, assez près l'un de l'autre et presque en ligne droite. Non loin on remarque le grand *Chien*, autre quadrilatère, dont une des composantes, *Sirius*, est la plus brillante étoile du ciel. Au-dessus, on remarque une autre étoile de première grandeur *Procyon*, appartenant au petit *Chien*. Puis vient l'*Hydre*, vaste constellation qui occupe un quart du ciel, car elle s'étend sous le zodiaque, depuis l'*Ecrevisse* jusqu'à la *Balance*. On y remarque une belle étoile rouge presque de première grandeur, appelée le *Cœur de l'Hydre*. Du pied d'Orion part l'*Eridan*, fleuve d'étoiles, dont la dernière, *Achernar*, est de première grandeur. Ces constellations sont visibles de notre hémisphère, pendant certains mois de l'année. Les deux suivantes, le *Navire* et le *Centaure*, ne le sont plus qu'en partie. Le *Navire* forme avec son immense carré la plus vaste constellation du ciel et comprend deux étoiles de première grandeur. La plus belle, *Canopus*, n'est surpassée en éclat que par *Sirius*. Le *Centaure*, voisin de la *Croix* du Sud, contient aussi deux étoiles de premier ordre. L'une d'elle, *Alpha*, sur laquelle nous reviendrons, est notre plus proche voisine. Vient ensuite la *Croix* du Sud, moins remarquable par les quatre magnifiques étoiles qui la dessinent, et dont deux sont de première grandeur, que par son *sac à charbon*, vide ténébreux le plus vaste de tous ceux qui se découpent sur la voûte céleste, et que je ne pouvais me lasser de contempler chaque fois que je le rencontrais au-dessus de ma tête, dans les solitudes de l'Amérique du Sud. Citons enfin les *nuées de Magellan*, au voisinage du pôle Sud, sur lesquelles j'aurai bientôt occasion de revenir.

Entre les constellations boréales et les constellations australes et empiétant à la fois sur les unes et sur les autres, par suite de l'inclinaison du plan de l'orbite terrestre, ou plan de l'écliptique, s'étend le zodiaque, zone d'environ seize degrés (1) qui fait le tour de la voûte céleste. Cette zone se divise en douze parties qu'on nomme les constellations zodiacales et qui correspondent aux diverses stations que parcourt le soleil dans son mouvement apparent, pendant les douze mois de l'année. Ce sont, en allant de l'ouest à l'est : Le *Bélier* placé en tête des signes du zodiaque, parce qu'il renfermait jadis l'équinoxe de printemps, et qu'il ouvrait ainsi la marche des saisons ; le *Taureau*, remarquable par le groupe des *Pléiades* et celui des *Hyades*, ainsi que par sa belle étoile rouge *Aldébaran* ou *l'œil du Taureau* ; les *Gémeaux*, ainsi nommé des deux magnifiques étoiles sœurs, *Castor* et *Pollux* ; le *Cancer*, pauvre d'étoiles, mais renfermant un riche amas, la *Crèche* ; le *Lion*, grande constellation avec une étoile de première grandeur, *Régulus* ou *le Cœur du Lion* ; la *Vierge*, où brille aussi un astre de premier rang, *l'Epi de la Vierge* ; la *Balance*, dont les deux principales étoiles rappellent celles des

(1) On mesure la sphère céleste à l'aide d'un cercle nommé *méridien* passant par les deux pôles et le lieu où l'on se trouve. Le méridien se divise, comme toute circonférence, en 360 parties égales, appelées degré. Le degré se subdivise en 60 minutes et la minute en 60 secondes. Pour se rendre compte des dimensions d'un degré sur la voûte céleste, il faut se rappeler que le diamètre apparent de la lune mesure presque exactement un demi-degré.

Gémeaux, mais plus petites et plus espacées ; le *Scorpion*, reconnaissable à sa belle étoile rouge, *Antarès* ou le *Cœur du Scorpion* ; le *Sagittaire*, avec son arc formé de cinq étoiles ; le *Capricorne*, le *Verseau*, les *Poissons*. La plus importante de ces constellations, par le rôle historique qu'elle a joué dans les annales de l'astronomie, est le *Taureau*, situé au-dessous du *Bouvier* et au-dessus *d'Orion*. Le zodiaque, trouvé dans les ruines d'Esnéh, montre en effet l'équinoxe de printemps coïncidant avec les *Hyades*, petit groupe d'étoiles situé dans le *Taureau*. Si l'on tient compte de la place qu'occupe aujourd'hui ce point sur l'équateur céleste, par suite du recul occasionné par la *précession des équinoxes*, on voit que la construction du zodiaque remonte à près de 33 siècles avant notre ère. Cette date, qui correspond à la plus ancienne observation astronomique connue, nous apprend qu'à cette époque lointaine, les égyptiens connaissaient déjà le cours des saisons et avaient jeté les fondements de la science des astres. A l'heure qu'il est, l'équinoxe de printemps est situé dans a constellation des *Poissons*, et, dans quelques siècles, passera au *Verseau*. Il se déplace en moyenne de 50 secondes d'arc par an, et fait ainsi le tour du ciel dans un cycle d'environ 257 siècles.

Les constellations n'offrant que des groupes optiques dus au hasard de la perspective, ne sauraient avoir qu'une existence temporaire. Par suite de leurs mouvements propres, les étoiles se déplacent sans cesse dans le ciel, et à la longue changent complètement son aspect. D'après les calculs et les dessins de Flammarion, basés sur les observations méridiennes, la grande *Ourse* dessinait, il y a 50,000 ans, une croix plus belle que la *Croix du Sud*, et dans 50,000 ans ne représentera plus qu'une ligne brisée. Des transformations non moins radicales affecteront les autres parties de la voûte céleste. Ce n'est donc pas d'après l'aspect des constellations qu'il faut juger du plan de l'Univers. Les jauges sidérales, exécutées par le télescope, tendent à démontrer que les masses cosmiques, loin d'être distribuées au hasard de l'espace, sont disposées en groupes réguliers nommés *amas d'étoiles*, lorsqu'on les aperçoit sans difficultés; *nébuleuses résolubles*, s'il faut recourir au télescope pour les distinguer; *nébuleuses* proprement dites, quand ce sont des mondes en voie de formation. Le plus important pour nous de ces groupes stellaires est la *voie lactée*. Cette vaste zone de la voûte céleste, que tout le monde connaît, doit son aspect blanchâtre à l'accumulation, sur un espace relativement restreint, d'une quantité prodigieuse d'étoiles. D'après les jauges de William Herschel leur nombre est de 18,000,000. Cette zone, faisant le tour du ciel, nous enveloppe de toute part, de telle sorte que nous habitons son intérieur et que nous en sommes partie intégrante. En d'autres termes, le soleil est une étoile de la *voie lactée*. On s'explique ainsi comment ce groupe stellaire nous paraît si vaste, tandis que les autres semblent réduits à de petits amas. L'astre le plus rapproché de nous, *Alpha* du *Centaure*, étant éloigné de plus de 8 trillions de lieues, on peut juger d'après cette distance de l'espacement qui sépare les étoiles d'un même système. L'ordre qui préside à la distribution des composantes de chaque groupe rappelle celui que nous avons observé dans la structure atomique des cristaux, dont les molécules s'équilibrent avec une symétrie et une régularité parfaites sous la pression du milieu éthéré. C'est sous l'action du même milieu, je veux dire des lois de la gravité, que se pondèrent les astres de chaque amas, de manière à former un système indestructible, l'agrégat stellaire n'étant en quelque sorte que la reproduction sur une échelle immense de l'agrégat chimique.

Après la *voie lactée*, le groupe d'étoiles le plus important dans l'Univers visible, qui, nous ne saurions trop le répéter, ne représente qu'un point de l'espace, est l'amas du *Centaure*, dans l'émisphère sud. Puis viennent celui du *Toucan*, autre constellation australe, et, dans le zodiaque, celui du *Scorpion*, que W. Herschel appelle un des plus riches amas du ciel. Les plus connus sont les *Pléiades* et les *Hyades*, dans le *Taureau*, qu'on aperçoit à l'œil nu. Il est à remarquer que l'émisphère austral, plus pauvre en étoiles que le nôtre, est en revanche beaucoup plus avantagé sous le rapport des nébuleuses et des *sacs à charbon*, vides obscurs qui, ainsi que je l'ai dit, accompagnent d'ordinaire les grandes condensations de la matière cosmique. Les *nuées de Magellan* sont caractéristiques à cet égard. Elles planent au voisinage du pôle antarctique qu'elles indiquent aux navigateurs, au milieu d'un fond ténébreux, indices de la rareté excessive de la population sidérale dans cette zone de la voûte céleste. Le petit nuage couvre une surface de 10 degrés carrés, tandis que le grand en occupe 42. L'ensemble comprend 328 nébuleuses, 53 groupes stellaires et 782 étoiles isolées. L'aspect des amas est très varié. Cette diversité tient sans doute à plusieurs causes, dont la principale est, croyons-nous, l'âge de formation. Quelques-uns, comme la nébuleuse des *chiens de chasse* près de la grande *Ourse*, la nébuleuse de la *Vierge*, la nébuleuse d'*Orion*, disposées en spirale, rappellent des feux d'artifice dont chaque étincelle serait un soleil. D'après ce que j'ai dit sur la genèse de la matière cosmique, il est à présumer que ces groupes représentent des formations relativement récentes. Les étoiles qui les composent, se tassant, si j'ose dire, par suite des lois de l'attraction, perdent à la longue toute trace de spirales, et finissent par constituer un agrégat qui, vu au télescope, offre une forme circulaire. En réalité, il s'agit d'un amas globulaire, car si on l'examine attentivement il est facile de se convaincre que les composantes deviennent d'autant plus nombreuses, qu'on approche plus près du centre. J'appellerai ces systèmes des systèmes adultes. Ce sont les plus répandus. On peut y ranger la voie lactée qui se présente sous l'apparence d'un disque. Puis viennent des amas d'aspects si variés et parfois si étranges qu'ils échappent à toute classification. Parmi les causes qui peuvent amener ces formes bizarres, il en est une sur laquelle je dois appeler l'attention. C'est que les étoiles d'un même groupe étant généralement de diverses grandeurs ne s'éteignent pas en même temps. Il est clair, en effet, qu'un astre se refroidit d'autant plus vite qu'il a moins de volume.

Chaque extinction se produit à nos yeux par un vide, et il arrive un moment où les lacunes sont assez nombreuses pour enlever à l'amas son véritable aspect. De tels groupes appartiennent nécessairement à des formations anciennes. Lorsque toutes les composantes sont éteintes, l'agrégat devient invisible, mais il peut se rallumer, un jour, sous le choc d'un autre amas, et donner naissance à une nouvelle nébuleuse.

L'étude des nébuleuses est une des branches les plus belles et les plus fécondes de l'astronomie moderne. La première fut découverte en 1612 par Simon Marius, qui la comparait à la flamme d'une chandelle vue à travers une feuille de corne. Elle est visible à l'œil nu, et se trouve dans la ceinture d'*Andromède*. Un siècle plus tard, Halley n'en comptait que six. Lacaille fut le premier qui soumit ces objets célestes à des observations suivies. Pendant son séjour au Cap, il en signala 28 dans l'hémisphère austral. Puis vint Messier qui en catalogua 68 nouvelles. On n'en connaissait en tout que 103, lorsque William Herschel se mit à sonder le ciel avec son puissant télescope. En quelques années il en découvrit 2,500. Aujourd'hui on en compte plus de 5,000, dont un millier résolubles en amas stellaires. Le nombre de ces derniers s'accroissant avec les progrès de l'optique, il est à présumer que des nébuleuses regardées jusqu'ici comme irréductibles, c'est-à-dire, comme gazeuses, se résoudront en étoiles, lorsque nous possèderons des instruments plus perfectionnés et placés sous un ciel très pur. Mais les bornes de l'Univers visible reculant du même coup, on apercevra dans les profondeurs de l'espace de nouvelles lueurs blanchâtres, lueurs si pâles et si faibles que, d'après les estimations de William Herschel, la lumière de ces mondes lointains met des millions d'années à nous parvenir. La nature des nébuleuses irréductibles est d'ailleurs confirmée par l'analyse optique, qui ne découvre dans le spectre que les raies de l'azote, de l'hydrogène et de ce gaz inconnu dont j'ai parlé plus haut comme représentant le premier état de condensation de la matière. Ces nuées célestes sont très variables d'aspect et de grandeur. Les plus petites se présentent d'ordinaire sous forme circulaire ou elliptique, avec un centre lumineux. On dirait, à première vue, une comète au moment où elle entre dans notre système, et avant qu'elle ait subi l'action dissolvante du soleil. Le centre lumineux peut faire défaut, et l'on n'observe alors qu'une masse gazeuse. William Herschel a signalé dans la grande *Ourse* une nébuleuse de ce genre très remarquable. On peut se faire une idée approximative de ces dimensions en se rappelant que d'après les calculs d'Arago, si on la suppose à la distance de la 61me du *Cygne*, une de nos plus proches voisines, son diamètre représente sept fois celui de l'orbite de Neptune. Or, si l'on tient compte de la planète ou des planètes extra-neptuniennes que semble accuser l'entrée dans notre système, de certaines comètes à longues périodes, il est facile de voir que la nébuleuse, qui a donné naissance au soleil et à son cortège de planètes, occupait au début un espace à peu près aussi considérable. Souvent, au lieu d'un point de concentration, on en observe deux, trois ou davantage. Ces centres lumineux vont grandissant et se renforçant aux dépens de la nébulosité qui les entoure, et on assiste ainsi à la formation lente et progressive des étoiles et des amas stellaires. Le mouvement étant la loi fondamentale de l'Univers, on peut avancer que, malgré leur immobilité apparente, ces mondes lointains se déplacent avec des vitesses diverses et probablement considérables. Notre demeure, la voie lactée, est donc emportée dans une direction inconnue, entièrement indépendante de celle qui pousse le soleil vers la constellation d'Hercule. Mais les points de repère, qui doivent servir à déterminer ce parcours, ont déjà été posés. Laugier a dressé un catalogue où sont inscrites, avec l'exactitude la plus minutieuse, les positions d'un certain nombre de nébuleuses. En comparant ces positions à celles qui seront données par les observations ultérieures, il sera facile aux astronomes de tracer la marche générale des mondes à travers l'espace et la trajectoire du groupe stellaire que nous habitons.

CHAPITRE V

ÉTAPES SUCCESSIVES QUE PARCOURT UNE NÉBULEUSE DANS SON ÉVOLUTION A TRAVERS LE TEMPS ET L'ESPACE. — L'ÉTOILE. — LA PLANÈTE. — LE SATELLITE. — L'ASTRE ÉTEINT. — CARACTÈRES DES GLOBES STELLAIRES AUX DIVERS AGES DE LEUR CARRIÈRE. — LA PHASE ORGANIQUE. — DERNIER STADE DE L'EXISTENCE SIDÉRALE — COMMENT SE RÉGÉNÈRE ET SE PERPÉTUE L'UNIVERS.

Suivons maintenant une nébuleuse dans son évolution à travers le temps et l'espace, afin de nous rendre compte des phénomènes qu'elle présente et de la physionomie qu'elle revêt aux divers stades de son parcours. Notre étude se fera sans difficulté, car nous n'avons qu'à noter les modifications successives que l'abaissement progressif de température amène à la fois, dans la surface de l'astre, dans son volume, dans son énergie rotatoire, et à faire ressortir les conséquences qui découlent d'un tel état de choses. Prenons comme objet de nos recherches un de ces mondes gazeux que le télescope distingue dans les profondeurs du ciel. Choisissons-le à sa naissance, c'est-à-dire lorsqu'il ne possède encore aucun centre lumineux de condensation. L'analyse spectrale indique que c'est une masse incandescente d'hydrogène, d'azote et d'un troisième gaz inconnu dont la densité paraît très inférieure à celle de l'hydrogène. Comme tous les corps célestes, cette masse est animée du double mouvement de translation et de rotation, et sa surface se refroidit d'une manière lente et progressive, en rayonnant le calorique de toutes parts. Voici les conséquences qui résultent de l'abaissement de température.

Dès que le refroidissement est assez prononcé pour permettre la précipitation des métaux, on voit apparaître un point de condensation au sein de la nébuleuse. Le magnésium et le sodium, les premiers formés, sont entraînés vers le centre, en vertu de leur poids spécifique, et lui donnent par leur incandescence un aspect lumineux. Ce centre grandit d'âge en âge, par suite de l'arrivée de nouveaux métaux, tandis que la masse gazeuse s'appauvrit et diminue de volume. Quand les éléments chimiques sont assez nombreux pour former la photosphère, on ne voit plus qu'un globe de feu, la nébulosité qui l'entoure étant éclipsée par l'éclat de la lumière photosphérique. C'est une étoile qui vient de se former. Au pôle nord de l'écliptique, dans la constellation du *Dragon*, on aperçoit un de ces astres au début de sa carrière. Ce n'est encore qu'un centre lumineux de condensation, au sein d'une immense atmosphère gazeuse. Avec le temps ce sera une étoile blanche comme *Sirius* ou *Véga* de la lyre, si rien n'entrave la précipitation normale des corps simples. Mais l'étoile blanche ne marque qu'un stade de l'évolution stellaire. Dès que les métalloïdes sont en contact avec les métaux au sein de l'atmosphère gazeuse qui les engendre à mesure du refroidissement, il se manifeste une nouvelle série d'actions chimiques, celle des oxydations. L'astre prend des teintes colorées suivant la nature des combinaisons qui ont lieu à sa surface. L'éclat argenté fait place successivement au jaune, à l'orangé et aux diverses nuances du rouge, depuis le rouge vif jusqu'au rouge sombre. Enfin, quand le globe a perdu son dernier rayon de lumière, et qu'il devient invisible pour nous, en d'autres termes, lorsque son enveloppe s'est encroûtée, ce n'est plus une étoile, c'est un astre éteint analogue à nos planètes.

Telle est la suite des métamorphoses que l'abaissement progressif de température amène dans le cours des âges, à la surface d'une nébuleuse. Mais il se produit en même temps une autre classe de phénomènes ayant pour point de départ le mouvement rotatoire de la masse. A mesure que cette dernière se refroidit, son volume se contracte, ce qui revient à dire que le rayon diminue de longueur. Or, d'après le principe des aires, la diminution du rayon implique un accroissement de vitesse rotatoire, et par suite un plus grand développement de force centrifuge. On voit alors la masse s'aplatir dans les régions polaires et se renfler vers l'équateur. Maintes nébuleuses accusent cette phase de leur évolution, par la forme lenticulaire qu'elles offrent à nos regards. Lorsque l'action centrifuge devenue prépondérante l'emporte sur la pesanteur qui retient les molécules de la surface, le bourrelet équatorial se détache de la masse centrale en tournant autour d'elle, sous l'impulsion du mouvement rotatoire qui animait ses particules. Il est très rare que ce bourrelet se maintienne en entier, bien qu'on en trouve des exemples dans certaines nébuleuses et dans les anneaux de Saturne. Il faudrait pour qu'il en soit ainsi qu'il fût homogène dans toutes ses parties, condition presque impossible à remplir. Il se rompt presque toujours au point de plus faible résistance. Les molécules extérieures, parcourant une circonférence plus grande que les molécules intérieures, possèdent par conséquent une vitesse plus considérable qui fait que l'anneau se pelotonne en une sphère tournant sur elle-même.

tout en continuant à se mouvoir autour de l'astre central. Le volume du nouveau corps céleste dépend à la fois de la masse de la nébuleuse mère, de sa densité et de l'énergie de la force centrifuge. D'ordinaire c'est un globe de si petit diamètre qu'on ne peut le distinguer de celui qui lui a donné naissance qu'à l'aide des plus puissants instruments d'optique. Un tel astre rayonne promptement le calorique de sa surface, s'encroûte et devient planète. Lorsque la nébuleuse possède un mouvement giratoire très rapide, et par suite une énergie centrifuge fort considérable, le bourrelet équatorial peut devenir assez volumineux pour que la masse sphérique qui en résulte, après sa séparation et sa rupture, offre des dimensions comparables à celle de la masse centrale. On a alors deux véritables étoiles tournant l'une autour de l'autre, ou plutôt autour de leur centre commun de gravité, et pouvant devenir chacune le noyau d'un monde planétaire.

Revenons à la nébuleuse. Un second bourrelet ne tarde pas à se former sous l'influence des mêmes causes, puis se détache et donne naissance à une nouvelle étoile, qui, à son tour, se transforme en planète dans la suite des âges. Cette parturition de globes stello-planétaires se répète encore et ne s'arrête que lorsque les molécules superficielles de la masse génératrice, solidifiées par le refroidissement et incorporées dans une croûte inextensible, ne peuvent plus obéir aux sollicitations centrifuges. Ces créations successives, échelonnées à différentes distances sur le plan de l'équateur de la nébuleuse, se meuvent au voisinage de ce plan, suivant des orbes presque circulaires et dans le sens du mouvement rotatoire de la masse centrale. Les rayons de ces orbites très étendus d'abord diminuent en progression rapide, car la force centrifuge, développée par la rotation de la nébuleuse mère allant toujours croissant, précipite de plus en plus la formation et la rupture du bourrelet équatorial. D'une manière générale on peut dire que les globes issus d'une même nébuleuse ont un diamètre d'autant plus petit qu'ils sont de formation plus récente, la masse centrale s'appauvrissant à chaque parturition nouvelle.

Nous avons dit que les petites étoiles sorties de la nébuleuse, perdant le calorique de leur surface dans un temps relativement court, si on le compare à l'immense durée des cycles stellaires, deviennent des globes obscurs analogues à nos planètes. Mais avant de s'éteindre, chacune d'elles peut être le centre d'une création rappelant sur une petite échelle celle que nous venons d'étudier. Pour que la fille devienne mère à son tour, il suffit qu'elle possède une masse assez considérable qui permette à l'action centrifuge de former et de disjoindre le bourrelet équatorial, avant que le refroidissement ait amené l'encroutement de la surface. La petite étoile s'entoure ainsi d'un cortège d'astéroïdes d'abord incandescents, puis opaques qu'on peut comparer aux satellites de nos planètes. Leur nombre et leur volume sont nécessairement en rapport avec les dimensions et l'énergie rotatoire de l'astre qui leur a donné naissance. Ainsi Saturne et Jupiter, les globes géants de notre système et ceux dont la vitesse de rotation est la plus considérable, possèdent un riche cortège satellitaire, tandis que la Terre n'a qu'une lune, et que Vénus et Mercure en sont dépourvus. Un satellite peut-il devenir à son tour centre de création et engendrer des astéroïdes encore plus petits ? Laplace a répondu à cette question, dans son *Exposition du système du monde*. Prenons la lune à l'époque de sa formation, c'est-à-dire pendant qu'elle était à l'état fluide. Ces molécules obéissant à l'attraction terrestre, à raison du peu de distance qui sépare le satellite de la planète, s'allongeait vers nous en une immense vague atmosphérique, dirigée dans le sens du diamètre lunaire. Ainsi entravés dans leur marche normale, les mouvements de rotation et de translation peu différents au début tendaient à se mettre en équilibre, et, après une série d'oscillations, finirent par devenir égaux. On sait que la lune tourne sur elle-même tout en accomplissant sa révolution autour de la terre, je veux dire dans 27 jours et un tiers. Dans de telles conditions, la force centrifuge devenue insignifiante ne pouvait produire de bourrelet équatorial. La conclusion de Laplace vraie pour tous les satellites de notre système ne saurait toutefois être prise dans un sens absolu. La distance qui sépare un satellite de sa planète, étant en rapport avec la masse de cette dernière, il peut arriver que, dans un système plus grand que celui de Jupiter, cette distance soit assez considérable pour que le globe planétaire n'exerce aucune action anormale sur la marche de l'astre satellitaire. Dans une telle hypothèse la force centrifuge, n'étant plus entravée dans son développement, pourra donner naissance à un nouveau système d'astéroïdes.

L'évolution stellaire comprend donc quatre phases distinctes : la nébuleuse, l'étoile blanche, l'étoile colorée, l'astre éteint. J'ai parlé à plusieurs reprises de la nature de la nébuleuse ; il me reste à dire quelques mots sur les globes qui en dérivent. D'une manière générale, on peut avancer que les étoiles, soit blanches, soit colorées sont des soleils à divers degrés de température et de volume. Tous les caractères distinctifs de notre grand luminaire se retrouvent en effet dans ces astres. Même incandescence, même constitution chimique, même mouvement de rotation et de translation, même cortège de planètes, de comètes et de météorites, mêmes transformations de la surface dans le cours des âges. Ce qui frappe tout d'abord, quand on contemple une étoile, c'est son énergie lumineuse et calorifique. Les astres de première grandeur, tels que *Véga, Arcturus*, etc., impressionnent la plaque du photographe, et dévient l'aiguille du galvanomètre. Ce sont donc de véritables globes de feu comparables à celui qui nous déverse chaque jour la chaleur et la lumière. L'analyse optique confirme ces déductions. Tous les corps simples que le spectroscope signale dans les étoiles se retrouvent dans le soleil. Les étoiles visibles à l'œil nu se divisent d'après leur éclat en six ordres de grandeur. La première classe en comprend une vingtaine, dont la plus brillante est *Sirius*, de la constellation du *grand Chien*. Les mesures photométriques les plus circonspectes permettent d'attribuer à cet astre un volume plus de dix-sept cents fois plus grand que celui du soleil. A la distance de *Sirius* ce dernier ne serait qu'une étoile de sixième grandeur. On a pu également évaluer la masse de ce globe immense en étudiant l'action qu'il exerce sur la petite étoile qui gravite autour de lui. Ce satellite soupçonné de Bessel, qui expliquait par sa présence les irrégularités que présente le mouvement de *Sirius*, et découvert en 1862, par Clark, des Etats-Unis, accomplit sa révolution en quarante-neuf ans et demi, bien que le rayon de son orbite soit plus grand que celui de Neptune. D'après ces données et en tenant compte de la distance qui nous sépare de *Sirius*, il est facile de calculer que cet astre exerce sur son satellite une action vingt-cinq fois environ plus forte que celle du soleil sur Neptune, et que par conséquent les masses de ces deux foyers d'attraction sont dans le même rapport. On ne saurait dire toutefois que *Sirius* est la première étoile du ciel par ses dimensions. Pour ne citer qu'un exemple, *Canopus*, du Navire, dont l'éclat ne le cède qu'à celui de *Sirius*, n'a pas de parallaxe, étant perdue dans les profondeurs de l'espace. Il est, dès lors, à présumer, que si elle se rapprochait de nous, à la distance de sa rivale, qui est d'environ trente-neuf trillions de lieues, elle la surpasserait en intensité lumineuse et calorifique.

Dans notre hémisphère, on remarque encore parmi les étoiles de première grandeur, *Véga*, de la Lyre, *Arcturus*, du Bouvier, la *Chèvre*, du Cocher, *Aldébaran*, du Taureau, *Antarès*, du Scorpion. On peut évaluer à quatre-vingt le nombre des étoiles de seconde grandeur, à six mille environ celui des astres visibles à l'œil nu. Ce chiffre s'accroit rapidement avec la puissance des instruments d'optique, et dans les grands télescopes l'œil ébloui n'aperçoit qu'un immense fourmillement d'étoiles ou plutôt de points lumineux. On estime à plus de cent millions celles que peut atteindre la vision télescopique, et comme notre Univers n'est qu'un coin de l'espace, on voit qu'en réalité leur nombre est infini.

Les étoiles possèdent comme le soleil le double mouvement de rotation et de translation. Jusqu'au siècle dernier on les croyait immobiles et on les désignait sous le nom de *fixes*, tant leur immense distance rendait difficile l'appréciation de leur déplacement sur la voûte céleste. *Arcturus*, du Bouvier, est la première dont le mouvement propre ait été constaté. Halley le reconnut en 1717, en comparant ses positions avec celles qu'elle occupait au temps d'Hipparque. Depuis on a observé des mouvements analogues pour beaucoup d'autres, et la liste s'accroît chaque jour. L'immobilité apparente d'un certain nombre s'explique par leur éloignement, ou parce que leur marche s'effectue dans le sens de notre rayon visuel. Mais dans ce dernier cas, l'analyse spectrale sait démêler le sens du mouvement, et indiquer si l'astre s'éloigne ou se rapproche de nous. Les vitesses stellaires sont très variables sans excéder toutefois certaines limites. *Arcturus* parcourt plus de 100 kilomètres à la seconde. Quelque rapide que soit ce mouvement, il est dépassé par l'étoile de la grande *Ourse* qui porte le numéro 1830 dans le catalogue de Groombridge. Elle se déplace annuellement de sept secondes d'arc sur la voûte céleste, sillonnant l'espace à raison de plus de 300 kilomètres par seconde. C'est la plus grande vitesse constatée jusqu'ici dans les masses stellaires. Nous verrons plus loin qu'elle peut être surpassée par certaines comètes, lorsqu'elles contournent le soleil. Le mouvement de rotation n'a pu être observé directement, sauf peut-être dans quelques étoiles variables. Mais il découle comme conséquence nécessaire du mouvement orbital des étoiles doubles. La théorie de Laplace sur la formation du système solaire, nous apprend en effet que lorsqu'une petite étoile tourne autour d'une grande, c'est le mouvement rotatoire de cette dernière qui a donné naissance au mouvement de translation de la première.

Comment évalue-t-on les distances stellaires ?

Lorsque Copernic eut établi que le globe tourne autour du soleil, il comprit le parti qu'il pouvait tirer de ce fait, pour mesurer l'éloignement des étoiles, et il s'appliqua d'autant plus activement à ce genre de recherches, qu'il y voyait la démonstration expérimentale du mouvement terrestre. Le problème était d'ailleurs si simple, qu'il se présentait en quelque sorte de lui-même, car il se ramène à cette question élémentaire de trigonométrie : calculer la distance d'un point inaccessible. Tout se réduisait à trouver une base de triangulation assez étendue. Cette base était naturellement le diamètre de l'orbite terrestre, soit une longueur d'environ 74 millions de lieues. Dès lors, il suffisait de mesurer à 6 mois d'intervalle, les angles formés à l'extrémité de ce diamètre par le rayon visuel mené de la terre à l'étoile et de retrancher leur somme de 180 degrés, pour avoir le troisième angle du triangle, c'est-à-dire la parallaxe annuelle de l'étoile. Cet angle connu, on obtenait la distance cherchée, par un simple calcul numérique. Copernic et ses successeurs ne trouvèrent que des parallaxes nulles ou fausses, tant étaient grandes les difficultés pratiques de l'opération, et imparfaits les appareils dont ils disposaient. Comme on comparait des observations faites à six mois d'intervalle, c'est-à-dire à des saisons différentes ; la température agissait diversement sur les déformations des instruments, les erreurs de divisions, et la réfraction atmosphérique. En outre, on ne tenait aucun compte des effets de l'aberration, de la nutation et du mouvement propre des étoiles, phénomènes alors ignorés et qu'on ne connut que dans le cours du siècle dernier. L'angle qu'on voulait évaluer étant inférieur à deux secondes d'arc, se trouvait facilement masqué par la somme des ces erreurs. Ses tentatives ne furent pas néanmoins sans résultats. C'est en cherchant la parallaxe de l'étoile *Gamma*, du Dragon, que Bradley découvrit l'aberration de la lumière. Plus tard, William Herschel, reconnut le mouvement orbital des étoiles doubles, en appliquant à l'étude de la parallaxe un autre procédé indiqué un siècle auparavant par Grégory et Huyghens. Ce procédé moins sujet aux causes d'erreurs que celui de Copernic repose sur le principe suivant : Si deux étoiles voisines sont d'éclat très inégal, on peut généralement supposer que la petite s'éloigne beaucoup plus de la terre que la grande. Lorsque le fait est exact, et qu'on observe, jour par jour, les positions des deux astres, le premier reste immobile sur la voûte céleste, tandis que le second paraît décrire une petite ellipse en sens contraire du mouvement de notre globe. En réalité, on n'a sous les yeux que la perspective de l'orbite terrestre. C'est un effet d'optique analogue à ce que nous remarquons en chemin de fer, quand nous voyons défiler derrière nous les arbres du paysage, avec une vitesse d'autant moindre qu'ils sont plus éloignés. Le diamètre de cette petite ellipse mesure la parallaxe de l'étoile. Ce n'est que de nos jours, grâce à de persévérants efforts, et à des instruments d'une grande précision, que les astronomes ont pu mesurer la parallaxe de quelques étoiles les plus rapprochées de nous, les uns par la méthode de Copernic, les autres par celle de Grégory. La première fut celle de *Sirius*. Henderson et Maclear la déduisirent, en 1837, de plusieurs années d'observations faites au Cap. L'année d'après, ils obtinrent celle d'*Alpha*, du Centaure. En 1832, Struve fit connaître celle d'*Alpha*, de la Lyre, et en 1840, Bessel détermina celle de la 61me du *Cygne*. Henderson, Maclear et Struve avaient choisi des étoiles de première grandeur comme étant les moins distantes de la terre. Le fait n'est pas toujours exact. Bessel s'attacha à la 61me du *Cygne*, quoiqu'elle ne soit que de 3me grandeur, à cause de la rapidité de son mouvement propre, qui est de cinq secondes d'arc par an. L'illustre astronome pensait qu'une vitesse aussi considérable ne pouvait s'appliquer qu'à une étoile voisine de la terre, et l'événement lui donna raison. Aujourd'hui on connaît plus de vingt étoiles dont la parallaxe est déterminée, mais une quinzaine seulement offrent une précision suffisante. *Alpha*, du Centaure, la plus rapprochée de nous, a pour parallaxe (1) un angle de neuf dixièmes de secondes correspondant à une distance de 8 trillions de lieues. La 61me du *Cygne* est éloignée de 15 trillions de lieues, *Sirius* de 39 trillions, *Véga* de 42, *Arcturus* de 60, la *Polaire* de 100. Pour se rendre compte de telles distances, il faut se rappeler que la lumière, dont la vitesse est de 75,000 lieues par seconde, met trois ans et demi pour venir d'*Alpha*, du Centaure, six ans de la 61me du *Cygne*, près de 17 ans de *Sirius*, 18 de *Véga*, 25 d'*Arcturus*, 42 ans 1/2 de la *Polaire*. Il n'est pas inutile d'observer que les chiffres donnés par les méthodes des parallaxes, pour les distances stellaires, ne représentent que des limites inférieures de ces distances. Savary a indiqué un procédé qui permet d'obtenir

---

(1) Il importe de remarquer que cette parallaxe n'est que la moitié de la parallaxe annuelle, c'est-à-dire de celle qui est donnée par l'observation, et qui correspond au diamètre de l'orbite terrestre. Dans le calcul, on la divise par deux, parce que les astronomes prennent pour unité des distances stellaires, non le diamètre, mais le rayon de l'orbite terrestre.

une limite supérieure. Mais ce procédé, d'ailleurs très délicat et basé sur la vitesse de la lumière, ne peut s'appliquer qu'aux étoiles doubles. Un mot sur ces astres.

Lorsque William Herschel se mit à sonder le ciel avec ses puissants appareils d'optique, il vit que certaines étoiles se dédoublaient au télescope. Au lieu d'un astre il en distinguait deux très voisins l'un de l'autre, et d'ordinaire d'éclat très différent. Se basant sur les lois de la perspective, il crut que la petite étoile devait l'exiguité apparente de ses dimensions à ce qu'elle était beaucoup plus éloignée de la terre que la grande, et ainsi que je l'ai dit plus haut, il vit là un moyen de déterminer la parallaxe de cette dernière. Ayant pris pour sujet de ses recherches une double de la grande *Ourse*, il reconnut, après plusieurs années d'observations, que la plus petite des deux composantes, au lieu de rester immobile sur la voûte céleste, circulait autour de la grande. Plus tard Savary, appliquant l'analyse mathématique aux éléments de cette orbite, démontra qu'elle obéissait aux lois de Képler. Aujourd'hui, on compte plus de 500 étoiles doubles en mouvement orbital. La distance angulaire des deux composantes ne dépasse pas 32 secondes. L'étude de ces couples a acquis une haute importance par la nature des problèmes qu'elle a résolus, ou qu'elle est appelée à résoudre. Tout d'abord, elle nous apprend qu'une seule loi, l'attraction newtonienne régit l'Univers. Les deux astres qui forment couple se meuvent suivant des ellipses, autour de leur centre commun de gravité, à la façon des globes du système solaire. Quand les deux composantes sont de dimensions inégales, la petite paraît tourner autour de la grande, le centre de gravité du système se trouvant alors au voisinage de cette dernière, parfois même dans son intérieur. Avant leur refroidissement, la terre et la lune constituaient une étoile double.

Parfois le satellite d'une étoile double se subdivise à son tour, les deux petites composantes tournant l'une autour de l'autre, tandis que l'ensemble gravite autour de l'astre principal. C'est une étoile triple. On en compte 53. On peut ranger dans cette classe le système formé par la terre et la lune circulant en même temps autour du soleil. Si les deux composantes du groupe binaire se dédoublent à la fois, on obtient une étoile quadruple. *Epsilon*, de la Lyre, est une quadruple remarquable. C'est d'abord une étoile double ; avec un grossissement plus fort chaque composante se divise en deux. On connaît aussi des étoiles quintuples et sextuples. Jupiter et ses quatre satellites formaient jadis un système quintuple. *Thêta*, d'Orion, est une sextuple. On aperçoit d'abord quatre étoiles disposées en trapèze. Avec un puissant instrument, les étoiles de la base laissent voir un petit compagnon. Il doit exister des astres septuples, octuples, décuples, etc. Témoin Saturne. On peut même poser en principe que chaque étoile est multiple, mais que nous n'apercevons que les principales composantes, les plus petites étant éteintes et par suite invisibles. Tout globe stellaire rappelle donc un soleil escorté, comme le nôtre, d'un monde de planètes et de satellites, à divers degrés de refroidissement. Peut-on pousser plus loin le rapprochement, et attribuer à chaque étoile un second cortège de comètes et de météorites superposé au précédent. Les inductions les plus légitimes nous autorisent à le penser. La démonstration expérimentale fait défaut, il est vrai, mais cela tient uniquement à l'impuissance du télescope. N'oublions pas que dans notre propre système, les comètes ne deviennent visibles qu'au voisinage du périhélie, et que, en dehors de la lumière zodiacale, l'atmosphère d'uranolithes qui entoure le soleil, ne se révèle qu'à la faveur des éclipses totales. L'observation suivante de Hind vient d'ailleurs à l'appui de cette manière de voir. Il est à remarquer, dit le savant astronome, que les étoiles variables paraissent enveloppées d'un brouillard, lorsqu'elles atteignent leur minimum d'éclat. Quelle cause attribuer à ce brouillard, si ce n'est une masse compacte de météorites provenant, comme dans le monde solaire, de la désagrégation des comètes qui sillonnent l'espace.

Revenons aux étoiles doubles. Il peut arriver que les composantes soient colorées, et brillent chacune d'un éclat différent. Dans certains cas, cette diversité de couleur tient à un effet de contraste. On sait qu'une faible lumière blanche paraît verte dès qu'on approche une forte lumière rouge ; elle devient bleue si on la place près d'une forte lumière jaune. C'est parfois ce qui a lieu dans l'étoile double. L'astre principal étant coloré et d'une intensité lumineuse très supérieure à celle du satellite, donne à ce dernier une teinte complémentaire. Il est facile de s'assurer de ce fait en cachant le premier par un diaphragme. Le second apparaît aussitôt dans son éclat naturel, qui est celui d'une petite étoile blanche. Mais le plus souvent le satellite a une couleur propre, indépendante de celle de l'astre principal, ainsi que le démontre l'analyse spectrale. Ce phénomène s'observe également dans certaines étoiles multiples, et c'est là un des plus beaux spectacles que le champ de la lunette ou du télescope puisse offrir à notre contemplation. Ici la teinte de l'astre tient évidemment à sa constitution, c'est-à-dire à l'âge qu'il a vécu, en d'autres termes, à la nature des corps simples ou des oxydes métalliques qui flottent dans sa photosphère. Ainsi chaque étoile change d'éclat avec le temps, et peut être dite *variable*. Mais on n'applique cette dénomination qu'à celles dont les transformations sont assez sensibles ou assez rapides pour attirer l'attention des observateurs. Quelques-unes reviennent graduellement à leur premier éclat, après avoir diminué de grandeur jusqu'à devenir parfois invisibles à l'œil nu, puis recommencent la série des transformations qui s'effectuent d'ordinaire pour chaque étoile dans un cycle de même durée. Ce sont des astres *périodiques*. Le cycle n'est parfois que de quelques jours ou de quelques années, mais il peut aussi atteindre des siècles. Parmi les étoiles périodiques les plus remarquables, nous citerons *Algol*, de Persée, et *Mira*, de la Baleine. La première varie régulièrement de la deuxième grandeur à la quatrième, à chaque période de deux jours, vingt heures quarante-huit minutes. L'éclipse dure un peu moins de sept heures. Ce phénomène est généralement attribué au passage d'une grosse planète qui circule autour de l'astre, car l'analyse spectrale n'indique aucun changement de lumière pendant l'éclipse. *Mira*, de la deuxième grandeur comme *Algol*, diminue tellement d'éclat qu'elle devient invisible à l'œil nu pendant cinq mois. Sa période est d'environ trois cent trente-un jours, ou onze mois. Une éclipse de si longue durée ne saurait être produite par une planète. On ne peut non plus l'attribuer à un anneau d'astéroïdes, car le spectroscope démontre que l'étoile change d'aspect lumineux à mesure qu'elle varie, ce qui indique que la cause du phénomène est due à des perturbations qui se succèdent régulièrement dans la photosphère de l'astre. Le soleil qui appartient au groupe des étoiles variables vient confirmer cette hypothèse. L'étude de sa surface nous montre en effet que certaines zones sont le siège de taches temporaires, dont le nombre offre périodiquement un maximum et un minimum dans un intervalle d'environ onze années, et qui paraissent tenir au refroidissement de l'astre. Tout porte à croire que quelque chose d'analogue se produit dans la photosphère de *Mira*, avec cette différence, toutefois, que le phénomène est ici plus accentué et plus rapide, l'étoile étant, suivant toute probabilité, plus avancée en âge que le soleil. Un fait semble justifier cette manière de voir. C'est que les astres périodiques s'observent de préférence parmi les étoiles rougeâtres, c'est-à-dire parmi celles qui sont sur le point de s'éteindre. Quand l'extinction est complète, le corps céleste cesse d'être visible, mais il est loin d'être mort comme on le dit généralement, car l'énergie calorifique, refoulée dans l'intérieur de la masse, se réveille parfois par des soubresauts terribles qui semblent les convulsions de l'agonie de l'astre. L'enveloppe déchirée s'illumine tout à coup à la faveur des gaz incandescents, qui s'en échappent, et une nouvelle étoile apparaît au firmament. Elle brille quelques jours ou quelques semaines, pour diminuer d'éclat et s'éteindre ou plutôt devenir invisible à l'œil nu. C'est une étoile temporaire. On en a observé 24 (1). La première, dont les *Annales de l'astronomie* fassent mention, parut dans le *Scorpion*, l'an 134 avant notre ère. Cet événement frappa Hipparque et lui suggéra l'idée de dresser l'inventaire du ciel. De là le catalogue qui porte son nom, et que Ptolémée nous a transmis. Il comprenait 1,026 étoiles, c'est-à-dire tous les

---

(1) Ce nombre doit être porté à 25, depuis que M. Thibault a aperçu une étoile nouvelle dans la nébuleuse d'Andromède (30 août 1885). Le nouvel astre éclipsait d'abord le noyau de la nébuleuse, mais diminua rapidement d'éclat, et à la fin d'octobre il n'était plus que de 12ᵉ grandeur.

principaux globes stellaires visibles des latitudes de Rhodes et d'Alexandrie. Dans les temps modernes, on cite deux étoiles temporaires comme ayant été très remarquables, celle de Tycho-Brahey et celle de Képler. La première parut en 1572 dans *Cassiopée*. Elle surpassait Vénus en éclat et vécut 17 mois. La seconde se montra en 1604, dans le *Serpentaire*, et s'éteignit au bout de 15 mois. Ceux qui avaient vu l'étoile de 1572 prétendaient que celle de 1604 la surpassait en grandeur. Dans notre siècle, on en a signalé trois : la première en 1848 dans le *Serpentaire*, la seconde en 1866 dans la *Couronne boréale*, la troisième en 1876 dans le *Cygne*. Elles disparurent bientôt, mais on eût le temps de soumettre les deux dernières à l'analyse spectrale. Toutes deux contenaient les raies de l'hydrogène incandescent, ce qui indique que c'est à une expansion subite de ce gaz, amené probablement de l'intérieur, à la suite d'un cataclysme géologique, qu'il faut attribuer leur illumination soudaine. Il est à remarquer que les étoiles temporaires de 1848, 1866 et 1876, qui devinrent promptement invisibles à l'œil nu, ne sont pas complètement éteintes, puisqu'on les aperçoit encore au télescope comme astres de dixième ou douzième grandeur. Il est donc à présumer qu'il en eût été de même des étoiles d'Hipparque, de

Tycho et de Képler, et, en général, de tous les astres temporaires, si les anciens observateurs avaient eu à leur disposition nos instruments d'optique.

A côté des étoiles temporaires, les astronomes placent encore les étoiles perdues. Cassini, William Herschel et d'autres observateurs citent des astres qui ont disparu de leur temps et presque sous leurs yeux. Ce sont des globes éteints que j'ai déjà mentionnés et sur lesquels je n'ai pas à revenir. Le rôle de ces corps invisibles n'est nullement terminé, comme on pourrait le croire. Il est même à remarquer que c'est à ce moment que se produit le trait le plus curieux de leur carrière : l'apparition des êtres organisés. Pendant la période d'incandescence, l'étoile n'agit que d'une façon indirecte sur les forces vitales en réchauffant de ses rayons les planètes refroidies qui circulent autour d'elle, et dont l'enveloppe se prête à l'éclosion de la cellule. Dans sa période d'invisibilité, au contraire, elle devient elle-même le centre d'un épanouissement organique, dès que la température de sa surface est descendue à 60 degrés environ du thermomètre centigrade. Des tissus vivants s'élaborent au sein des ténèbres d'une nuit éternelle, acquièrent des dimensions en rapport avec le volume du globe nourricier et se perpétuent tant que le froid n'a pas figé le milieu liquide dans lequel ils se meuvent. Nous consacrerons un chapitre spécial à l'étude de ces phénomènes, car ils marquent le côté le plus merveilleux de l'évolution stellaire à travers le temps et l'espace.

Le dernier stade du globe obscur, je veux parler de celui qui succède à l'âge organique, n'est plus marqué que par les météorites qui illuminent un moment son atmosphère en pénétrant dans ses couches. L'astre qui débuta par l'incandescence, c'est-à-dire par l'agitation fiévreuse de ses éléments, n'offre, au terme de sa carrière, qu'une masse inerte, silencieuse et glacée. Ce n'est plus qu'un projectile muet et invisible qui sillonne la nuit de l'espace, et dont l'étude ne présente désormais aucun intérêt, jusqu'au jour où, se heurtant à un globe d'un poids à peu près égal au sien, il se produit une transformation subite de mouvement en chaleur, par suite de la vitesse énorme qui anime les deux mobiles. De ce choc jaillit une nébuleuse incandescente, d'où sortira, dans le cours des âges, une nouvelle étoile avec son cortège de planètes et de planétoïdes. Ainsi se régénère et se perpétue l'Univers.

LIVRE II

LA PLANÈTE

CHAPITRE PREMIER

MONDE SOLAIRE. — NATURE DE LA NÉBULEUSE. — QUI LUI DONNA NAISSANCE. — CARACTÈRES GÉNÉRAUX DES PLANÈTES. — ORBES QU'ELLES DÉCRIVENT. — LOI DES DISTANCES. — LOI DES VITESSES. — CARACTÈRES DES SATELLITES.

Avant de commencer l'étude du monde solaire, il convient de dire quelques mots de la nébuleuse qui lui donna naissance. Longtemps on a cru, sur la foi de Laplace, qu'elle présentait à l'origine une masse sphérique homogène d'où s'étaient successivement détachées les zones équatoriales qui devaient former les planètes. La notice dans laquelle le grand géomètre expose ses vues cosmogoniques est conçue d'une façon si claire, si méthodique, si magistrale, que pendant près d'un siècle elle s'est imposée à l'admiration des hommes de science. Aujourd'hui, ce n'est plus qu'un monument historique, des objections capitales s'étant élevées au fur et à mesure des progrès de l'astronomie. Déjà du temps de Laplace, on pouvait remarquer, en l'analysant de près, qu'elle offrait des contradictions ou des lacunes. La vitesse de translation des planètes progressant d'une manière continue, depuis Uranus jusqu'à Mercure, il aurait dû en être de même du mouvement giratoire du soleil d'où étaient sorties ces vitesses. Or, c'est le contraire qui a lieu. Un point de l'équateur solaire ne parcourt que deux mille mètres par seconde, tandis que Mercure se meut à raison de 47 kilomètres dans la même unité de temps. Même anomalie pour les densités. Au lieu de suivre une marche progressive à partir d'Uranus, ainsi que l'indique la théorie, elles offrent parfois des irrégularités inexplicables, notamment dans Saturne. De plus, l'attraction du soleil sur Mercure, Vénus, la Terre et Mars étant prépondérante au même titre que celle de notre sphéroïde par rapport à la Lune, ces quatre globes devraient offrir les caractères des satellites et non des planètes, je veux dire présenter constamment la même face au grand astre, et avoir une durée rotatoire égale à celle de révolution. Lorsqu'il fut constaté que le mouvement des satellites d'Uranus était rétrograde et non direct comme celui des autres globes du cortège solaire, le système de Laplace reçut une nouvelle atteinte. D'autres coups lui furent portés par la découverte de Neptune, et par celle des satellites de Mars. La rotation de Neptune est rétrograde comme celle d'Uranus, et le premier satellite de Mars se meut avec une vitesse supérieure à celle de la rotation de la planète, contrairement aux inductions théoriques. L'âge attribué à Uranus et à Neptune prêtait également à l'objection. La vapeur d'eau que le spectroscope découvre dans l'atmosphère de ces planètes, et d'autres indices météorologiques attestent qu'elles ne sont pas encore refroidies et qu'elles appartiennent par conséquent à une formation relativement récente. Enfin, dans ces derniers temps, M. Faye, invoquant la troisième loi de Képler, a fait remarquer que toutes les rotations auraient été rétrogrades, si la genèse planétaire s'était produite d'après les principes posés par Laplace. L'éminent astronome ne s'est pas borné à faire ressortir cette contradiction. Dans son remarquable livre *sur l'origine du monde*, il expose une nouvelle cosmogonie, qui lève toutes les difficultés résultant de la théorie précédente. Au lieu de prendre pour nébuleuse originelle une masse sphérique homogène, M. Faye choisit une de ces agglomérations gazeuses d'anneaux concentriques que le télescope découvre dans diverses régions du ciel. Aucun centre lumineux ne paraît encore. Cependant chaque anneau se détache successivement de la masse, se fracture, se pelotonne et donne naissance à une planète, excepté le cinquième qui se fractionne en une multitude d'astéroïdes pour des causes encore inconnues. Le premier de ces globes est Mercure, le dernier Neptune. En même temps que s'opère ce travail de formation, il s'en effectue un second non moins important. La nébulosité qui entoure les anneaux se porte progressivement vers le centre sous l'empire de la gravitation et finit par constituer le soleil. Le grand astre n'arrive à son complet développement qu'après l'apparition de Saturne. A partir de ce moment il devient un facteur capital de la genèse planétaire, et c'est à son influence qu'Uranus et Neptune doivent leur giration rétrograde.

La structure du monde solaire se résume ainsi : au centre une puissante étoile rayonnant de tous côtés la chaleur et la lumière ; tout autour, échellonnés à diverses distances, huit globes entourés la plupart de satellites, et dont le dernier, Neptune, se meut à 1100 millions de lieues environ du foyer commun ; entre le quatrième et le cinquième de ces globes, un groupe de plus de 250 astéroïdes appelés planètes télescopiques; enfin, des légions de comètes et un nombre incalculable d'essaims de météorites sillonnant en tout sens le système planétaire. Avant de passer en revue les divers membres de la famille solaire, je vais esquisser les traits essentiels qui caractérisent les planètes et les satellites, leurs orbes, leur espacement, leur vitesse, etc.

Les Grecs nommaient planètes, c'est-à-dire errant, les globes célestes qui ont un mouvement propre, par opposition aux étoiles qu'ils croyaient immobiles. Ils en comptaient sept : le Soleil, la Lune, Mercure, Vénus, Mars, Jupiter et Saturne. Les astronomes modernes ne considèrent comme planètes que les globes qui tournent autour du grand astre. Ils ont donc retranché de la liste précédente le soleil et la lune. Par contre, Copernic y ajouta la Terre (1543), William Herschel, Uranus (1781), et Le Verrier, Neptune (1846). On a, en outre, découvert, depuis le commencement du siècle, un groupe de petites planètes dites télescopiques et situées entre Mars et Jupiter. Considérées par rapport à leurs distances au soleil, les planètes se classent ainsi, en commençant par la plus rapprochée : Mercure, Vénus, la Terre, Mars,

Jupiter, Saturne, Uranus, Neptune. Les quatre premières ont reçu le nom de planètes moyennes et les quatre dernières celui de grosses planètes.

Plusieurs caractères permettent de différencier, à première vue, les planètes des étoiles. Elles ne scintillent pas comme ces astres, car étant des globes obscurs, elles n'ont d'autre lumière que celle qu'elles reçoivent du soleil. Elles ont un mouvement propre, différent de celui des étoiles. Enfin, examinées à la lunette, leur diamètre apparent augmente, ce qui n'arrive pas pour les astres précédents; cela tient à ce que les distances planétaires sont facilement appréciables, tandis que les étoiles se perdent dans un immense éloignement.

Chaque planète possède un double mouvement de rotation et de translation qu'on a comparé avec beaucoup de justesse à celui d'une toupie qui se meut obliquement, tout en pirouettant sur elle-même. Le premier de ces mouvements s'opère autour de la ligne des pôles et est uniforme. Le second varie à chaque instant et s'effectue autour du soleil. D'après la deuxième loi de Kópler, l'orbe ainsi tracée forme une ellipse presque circulaire dont le grand astre occupe un des foyers. Mais ceci demande une explication.

Lorsque Képler formula les trois lois qui ont immortalisé son nom (1618), on ignorait le mouvement de translation du soleil. Dès lors, il était naturel de supposer que chaque planète se meut dans un même plan, suivant une courbe fermée. Nous savons aujourd'hui que les choses se passent tout autrement. L'astre central se déplaçant sans cesse, les globes qui le suivent ne peuvent retrouver, à la fin de leur évolution, l'extrémité de la trajectoire qu'ils occupaient au début, de sorte que leurs orbites sont en réalité non des ellipses, mais des spires elliptiques se succédant comme dans une vis sans fin. La nature de cette trajectoire empêche la vitesse de translation d'être uniforme comme celle de rotation. Elle serait invariable pour une même planète si l'orbe décrit était circulaire, le soleil se trouvant alors au centre. Mais ce dernier, occupant le foyer d'une ellipse, attire inégalement aux divers points du parcours le satellite qui gravite autour de lui. Au périhélie, c'est-à-dire au sommet du grand axe qui avoisine le soleil, l'attraction devenant prépondérante, la vitesse atteint son maximum. A partir de ce moment, elle diminue jusqu'au sommet opposé, l'aphélie, où elle devient minimum. La moyenne de ces valeurs extrêmes constitue la vitesse proprement dite. Il en est de même de la distance d'une planète au soleil. Elle varie comme la vitesse, aux divers points du parcours, mais en sens inverse, atteignant le minimum au périhélie, et le maximum à l'aphélie. La moyenne de ces deux limites donne le rayon moyen de l'orbite.

Les planètes sont loin de circuler dans le même plan. Chacune de leurs orbites coupe l'écliptique suivant un angle différent. Néanmoins, toutes ces trajectoires sont comprises dans le zodiaque, zone de la voûte céleste d'environ 16 degrés de largeur, qui est coupé au milieu par le plan de l'écliptique, ou plan de l'orbite terrestre. Nous avons vu que cette zone se divise en 12 groupes d'étoiles qu'on appelle les constellations zodiacales.

Les distances planétaires sont régies par une loi très simple, découverte par Titius, mais plus connue sous le nom de loi de Bode, parce que c'est ce dernier astronome qui la vulgarisa. Elle peut s'énoncer ainsi :

Si on considère la progression :

3, 6, 12, 24, 48, etc.

Qu'on prenne zéro comme premier terme, et qu'on ajoute 4 à chacun de ces nombres, on obtient la série :

4, 7, 10, 16, 28, 52, 100, 196, 388.

Si l'on représente par 10 la distance moyenne

de la terre au soleil, celle de Mercure au même astre sera représentée par 4, celle de Vénus par 7, celle de Mars par 16, etc. Lorsque Titius publia cette loi, on ne connaissait ni le groupe des planétoïdes, ni Uranus, ni Neptune. La découverte de Cérès, Pallas, Junon, Vesta, etc., combla la lacune comprise entre Mars et Jupiter, et représentée dans la progression par le nombre 28. D'un autre côté, Uranus vint se placer non loin de la position indiquée par le chiffre 196 ; mais Neptune s'écarta sensiblement du terme qui lui était affecté dans la série, car sa distance au soleil est représentée par 300 au lieu de 388. En réalité, la relation établie par Titius n'est qu'approximative. Toutefois, sauf l'écart que nous venons de signaler pour Neptune, les différences qu'on observe entre les distances réelles des planètes au soleil et les termes correspondants de la progression sont si légères, qu'elles n'infirment en aucune façon l'exactitude de la loi prise dans son ensemble. Le désaccord tient à la méthode employée pour établir cette relation, méthode qui nécessitait l'emploi de nombres entiers. Boucheporn ayant repris le problème à l'aide de l'analyse mathématique, et en prenant pour point de départ la théorie de l'éther, a trouvé des nombres qui reproduisent, à quelques centièmes près, ceux qu'on déduit de l'observation directe, voici ces derniers :

3,9, 7,2, 10, 15,2, 27,5, 52, 95, 192, 300.

Ce résultat confirme d'une manière éclatante l'existence du fluide éthéré et le rôle capital qu'il joue dans les mouvements des corps célestes. Il n'est pas inutile de faire observer que la relation de Titius est implicitement contenue dans la troisième loi de Képler.

Les vitesses de translation des planètes sont également régies par la troisième loi de Képler. Mais Flammarion a indiqué une relation plus simple qui se formule ainsi :

Si on multiplie par la racine carrée de deux, c'est-à-dire par le nombre 1,414, la vitesse moyenne d'une planète, on obtient approximativement la vitesse de la planète inférieure. Ainsi la vitesse de translation de Neptune étant de 5 kilomètres par seconde, si on multiplie ce chiffre par 1,414, on obtient 7,070, c'est-à-dire la vitesse approximative d'Uranus, car cette planète, abstraction faite des décimales, se meut à raison de 7 kilomètres à la seconde. La série suivante représente en kilomètres les vitesses planétaires, en allant de Mercure à Neptune :

47, 35, 27, 24, 13, 10, 7, 5.

Cette liste ne comprend pas le groupe des planétoïdes qui circulent entre Mars et Jupiter. Chaque chiffre représente le nombre de kilomètres parcourus en une seconde par la planète correspondante.

J'ai dit, au chapitre précédent, que les planètes peuvent, lorsqu'elles sont à l'état fluide, engendrer des globes plus petits appelés satellites. Chacun d'eux a pour origine une zone équatoriale détachée de la planète mère par l'action centrifuge que développe le mouvement giratoire. La terre possède un de ces compagnons, Mars deux, Jupiter quatre, Saturne huit, Uranus quatre, Neptune un. Il est à présumer que nous ne connaissons qu'imparfaitement le cortège de cette dernière planète et qu'il s'enrichira avec les progrès de l'optique. D'une manière générale on peut dire que le nombre et le volume des satellites dépendent du rayon de la planète, de sa densité et de son énergie rotatoire. Si Mercure n'a pas de compagnon, c'est que la genèse et la séparation du bourrelet équatorial ont été entravées, suivant toute probabilité, par la forte densité de la planète qui a fait obstacle à l'énergie centrifuge. D'après les calculs de Boucheporn, les satellites d'une même planète sont espacés suivant une progression qui rappelle celle de Titius. Deux caractères essentiels différencient les satellites des globes qui leur ont donné naissance. Tandis que ceux-ci sont des sphéroïdes aplatis aux pôles et renflés à l'équateur, les premiers ont une forme allongée dont la pointe se dirige vers la planète. En second lieu, la rotation autour de l'axe s'effectue dans le même temps que la révolution autour du globe central. J'expliquerai, en parlant de la lune, les causes de ces particularités. Ajoutons que l'action perturbatrice, que notre pâle voisine exerce à la surface terrestre par les marées, se produit sur toutes les planètes entourées de satellites avec une intensité d'autant plus destructive que ces derniers sont plus nombreux, ont plus de masse, et que la giration du globe central est plus rapide.

CHAPITRE II

LE SOLEIL. — MOUVEMENT DE ROTATION. — MOUVEMENT DE TRANSLATION. — DISTANCE A LA TERRE. — DIMENSIONS ACTUELLES. — CONSTITUTION PHYSIQUE. — PHOTOSPHÈRE. — CHROMOSPHÈRE. — COURONNE. — RANG QUE LE SOLEIL OCCUPE PARMI LES ÉTOILES. — SON AGE. — SES ÉVOLUTIONS FUTURES. — SON ROLE DANS L'ÉCONOMIE TERRESTRE ET DANS LES DESTINÉES DE NOTRE ESPÈCE.

Avant l'invention des instruments d'optique, on n'avait aucunes notions précises sur la nature du soleil, sa distance à la terre, ses dimensions, etc. Copernic avait démontré (1543) qu'il était le centre des mouvements planétaires, mais il le supposait immobile au milieu de la sphère étoilée. Tout ce qu'on savait c'est que c'était un globe de feu plus grand que la terre. Lorsqu'en 1609, Galilée dirigea sur lui la première lunette qui ait été aux mains des astronomes, il remarqua à sa surface certaines parties obscures qu'il comparait à des taches d'encre sur une feuille de papier. Ces taches se formaient subitement, puis disparaissaient, après quelques jours ou quelques semaines. Parfois, elles persistaient des mois entiers. Lorsqu'une d'elles se montrait sur le bord oriental du disque, on la voyait glisser à sa surface, atteindre le bord occidental au bout d'environ 14 jours, et reparaître à la même place après un égal intervalle. Sa vitesse, au lieu d'être uniforme, augmentait à partir du bord oriental, atteignait son maximum au milieu du disque, et suivait une marche inverse dans la seconde partie de sa course. Sa figure variait également suivant la position qu'elle occupait. Quand elle était circulaire, on voyait un filet formant une sorte d'échancrure sur le bord du disque, ce qui indiquait que la tache, au lieu d'être un nuage, provenait d'une cavité creusée dans la substance de l'astre. Ce filet s'élargissait à la façon d'une ellipse dont le petit axe allait grandissant jusqu'à ce qu'elle eut pris l'aspect du cercle, circonstance qui se présentait quand la tache parvenait au milieu de son parcours. A partir de ce moment, l'ellipse reparaissait et allait se rétrécissant jusqu'au bord opposé, où elle n'était plus qu'un filet. De ces diverses circonstances, Galilée conclut que le soleil est un globe tournant sur lui-même comme la terre d'occident en orient, et donna une première évaluation du mouvement apparent. De ce dernier, il est facile de déduire le mouvement réel. Comme il tardait à publier le résultat de ses recherches, la gloire de la découverte revint à Fabricius, astronome hollandais, qui, s'étant lui aussi procuré une lunette, observa le même phénomène et annonça la rotation du soleil en 1611, deux ans avant Galilée. En 1841, Laugier entreprit une série d'observations sur les taches solaires, à la suite desquelles il fixa à 27 jours et demi la durée du mouvement apparent, d'où il déduisit pour celle du mouvement réel 25 jours 34, c'est-à-dire 25 jours 8 heures 9 minutes 36 secondes. Un point situé sur l'équateur solaire se meut par conséquent avec une vitesse d'environ 2,000 mètres par seconde, tandis que les molécules de l'équateur terrestre ne parcourent que 463 mètres dans la même unité de temps. Ajoutons que le soleil se refroidissant dans le cours des âges, par suite de son rayonnement à travers l'espace, diminue peu à peu de volume, et, d'après une loi de la mécanique, augmente en même temps sa vitesse de rotation. Le chiffre donné par Laugier devra donc être modifié avec le temps, mais les corrections qu'il faudra lui faire subir ne deviendront appréciables qu'après un grand nombre de siècles.

Outre le mouvement de rotation autour de son axe, le soleil comme tous les autres corps célestes, possède un mouvement de translation dans l'espace. La lunette avait fait remarquer le premier, le télescope fit deviner le second. Quand il fut établi, par les travaux des astronomes du siècle dernier, que certaines étoiles se déplacent, quelques esprits hardis supposèrent qu'il devait en être de même du soleil qui, ainsi que nous l'avons vu, est une étoile de la voie lactée. Pour Lalande, la translation de cet astre était une conséquence presque nécessaire du mouvement rotatoire. Il pensait que la force motrice qui lui imprima ce dernier mouvement l'avait lancé du même coup dans l'espace. En 1783 William Herschel résolut définitivement la question. Dans son jaugeage de la voie lactée, l'illustre astronome reconnut que la distance qui sépare certaines étoiles allait grandissant, tandis que d'autres étoiles, situées dans la direction opposée, paraissaient se rapprocher. Un tel phénomène ne pouvait s'expliquer qu'en admettant que le soleil s'avançait vers les premiers de ces astres en même temps qu'il s'éloignait des seconds. Toutes les observations faites depuis ont confirmé l'exactitude de cette manière de voir. Il est démontré aujourd'hui que le soleil se transporte vers la constellation d'*Hercule*, dont les dimensions augmentent d'année en année, tandis qu'il s'éloigne de la constellation du

Grand chien qui va s'amoindrissant. Il serait prématuré de dire si la trajectoire est un arc d'ellipse, de parabole ou d'hyperbole. Mais la vitesse actuelle a pu être calculée et fixée par Struve et Peters à 7 ou 8 kilomètres par seconde. Ce nombre doit être considéré comme une première évaluation qui sera probablement modifiée à la suite de recherches ultérieures. Ce mouvement de translation n'est pas le seul qui anime le soleil. S'il est vrai, comme tout porte à le croire, que chaque groupe stellaire possède un mouvement propre, indépendant de celui de ses composantes, notre grand luminaire est entraîné avec la voie lactée, dans une direction encore inconnue, tout en continuant sa course vers la constellation d'*Hercule*.

À quelle distance sommes-nous du soleil, en d'autres termes, quel est le rayon de l'orbite terrestre? De tous les problèmes que présente l'exploration du ciel, il n'en est pas de plus important, car dans la plupart des calculs astronomiques figure comme coefficient le rayon moyen de l'orbite terrestre, qui forme l'unité de longueur des distances célestes. De la connaissance de cet élément dépend en effet celle du diamètre du soleil, de sa surface, de son volume, de sa masse, de sa densité. Appliqué à la troisième loi de Képler, il permet d'évaluer les grands axes des orbites des planètes, et par suite les autres éléments de ces astres. Il sert à la détermination de la parallaxe des étoiles, et constitue ainsi la base de l'astronomie stellaire aussi bien que de l'astronomie planétaire. On conçoit, dès lors, que les hommes de science se soient de tout temps préoccupés d'une telle question. Mais tant de difficultés entravent ce genre de recherches qu'on n'a pu obtenir jusqu'ici que des résultats approximatifs. Le premier essai fut tenté par Aristarque, de Samos, au III° siècle avant notre ère. Il repose sur cette considération parfaitement juste qu'au moment précis où notre satellite est à son premier quartier, il forme avec le soleil et la terre les sommets d'un triangle rectangle, dont l'angle droit est au centre de la lune. Les autres angles se trouvant ainsi complémentaires, il suffit de mesurer l'un pour connaître l'autre. Mais les difficultés pratiques de l'opération et le manque de précision des instruments de l'époque ne pouvaient aboutir qu'à des résultats illusoires. Aristarque et, après lui, Ptolémée, Copernic et Tycho-Brahé ne trouvèrent, en effet, par cette méthode, pour la distance qui nous sépare du soleil, qu'environ 1,200 rayons terrestres.

Ce n'est qu'après l'invention des lunettes et lorsque les observateurs eurent à leur dispotion un outillage convenable pour mesurer le temps et les divisions angulaires, c'est-à-dire dans la seconde moitié du XVIIe siècle, que le problème put être repris avec chance de succès. Il s'agissait d'obtenir la parallaxe solaire par une méthode analogue à celle que Copernic avait indiquée pour les étoiles, en d'autres termes, déterminer l'angle sous lequel un observateur placé au centre du soleil verrait le diamètre terrestre. Mais d'une part, le peu de longueur de ce diamètre qui servait de base de triangulation, de l'autre les déformations instrumentales, occasionnées par les rayons solaires, rendant les résultats difficiles à apprécier, et pleins d'incertitudes, on dut renoncer à ce procédé et recourir à des méthodes indirectes. On songea à mesurer la parallaxe de Mars ou de Vénus au moment où ces planètes se rapprochent le plus de la terre, c'est-à-dire quant la première est en opposition et la seconde en conjonction. Cette parallaxe connue, on en déduit la distance du soleil à notre globe par la troisième loi de Képler. Cassini jeta les yeux sur Mars en 1670 et détermina l'Académie des sciences à envoyer Richer observer cet astre à Cayenne, tandis que lui-même, Rœmer et Picard, l'observeraient en France. Vue de postes si éloignés, la planète devait se projeter sur des points différents de la voûte céleste, qu'on pourrait déterminer à l'aide des étoiles voisines prises comme termes de comparaisons, et il devenait ainsi possible de mesurer la parallaxe. On trouva en opérant ainsi un maximum de 30 secondes, d'où l'on déduisait 10 secondes pour valeur maxima de la parallaxe solaire. Des recherches analogues, exécutées à diverses reprises dans le cours de notre siècle, avec des instruments plus précis, ont conduit à des chiffres compris entre 8"768 et 8"855. En Angleterre, on s'occupa plus spécialement de Vénus. Cet astre n'étant visible qu'en plein jour, au moment de sa conjonction, circonstance peu favorable pour l'observation des étoiles qui doivent servir de points de repaire, on recourut à un procédé indirect esquissé en 1663 par Grégory et développé quelques années plus tard par Halley. Il s'agissait de calculer la parallaxe à l'aide du passage de la planète devant le disque solaire, phénomène qui a lieu deux fois par siècle à 8 ans d'intervalle. Il s'en est produit quatre depuis les indications de Halley, en 1761, 1769, 1874, 1882. Chacun de ces passages fut soigneusement étudié par des Commissions d'astronomes de tous les pays postés aux points du globe les plus propres à l'observation du phénomène.

Les résultats obtenus divergent encore plus

que ceux qu'on a tirés des dernières observations de Mars, et donnent raison à Le Verrier qui n'avait aucune foi dans cette méthode. Il lui en substituait une autre, basée sur les perturbations séculaires des planètes. Le rayon de l'orbite terrestre formant un des éléments de ce calcul, il devient facile de le dégager. Laplace avait précédé Le Verrier dans cette voie en analysant les mouvements de la lune. Ce procédé a sur les précédents l'immense avantage de supprimer l'emploi des instruments et d'éviter ainsi de nombreuses causes d'erreur. Mais il ne saurait donner à l'heure qu'il est qu'une valeur approximative, les perturbations planétaires n'étant pas encore connues avec assez de précision. Le nombre 8"86 obtenu par Le Verrier, en 1872, s'accorde avec celui que Foucault déduisit, en 1862, de ses expériences sur la vitesse de la lumière. Ce fluide parcourant 300,000 kilomètres par seconde, et mettant 8'13" à venir du soleil à la terre, un simple calcul d'arithmétique fait connaître la distance qui sépare les deux astres. Cette méthode, à la fois la plus simple et la plus directe, donnerait un résultat parfaitement juste, s'il ne fallait tenir compte des divers mouvements du soleil. La vitesse de ces mouvements n'ayant été déterminée jusqu'ici que d'une manière approximative, il est impossible d'évaluer la correction que réclame le calcul de Foucault. On ne doit donc pas être surpris si chaque nation a sa parallaxe officielle. En France, le bureau des longitudes a adopté le chiffre 8"86 proposé par Le Verrier. Il correspond pour la distance moyenne du soleil à une longeur d'environ 37 millions de lieues, ou 23,200 rayons terrestres.

La distance du soleil une fois connue, il devient facile d'obtenir le diamètre réel de l'astre en appliquant à son diamètre apparent moyen les lois de la perspective. Ce dernier étant de 32'4", le calcul donne pour longueur du premier 217 rayons terrestres. Le diamètre réel permet à son tour de déterminer la surface et le volume. Si l'on prend notre globe pour unité de comparaison, on trouve les résultats suivants : surface du soleil près de 12,000 fois celle de la terre ; volume 1,279,000 fois celui de la terre.

La masse évaluée d'après le degré d'énergie attractive qui régit l'orbe terrestre est 324,400 fois plus considérable que celle de notre sphéroïde, et 600 fois environ plus que celle de tous les globes qui composent le cortège solaire. La connaissance de la masse et du volume donne immédiatement la densité, qui est représentée par le chiffre 0,253, celle de la terre étant prise pour unité. Le soleil est donc à peine plus dense que l'eau. Grâce à son énorme masse, la pesanteur à la surface est 27 fois plus forte que sur notre globe. Telles sont, à l'heure qu'il est, les valeurs approximatives des divers éléments du soleil. Inutile d'ajouter qu'elles varient avec les âges, mais d'une manière très lente. Le rayon, la surface et le volume diminueront par suite du refroidissement de l'astre, tandis que la densité augmentera du même coup. La masse semblerait au premier abord devoir rester invariable. En réalité, elle s'accroit d'une manière insensible, par l'arrivée des météorites qui tombent à chaque instant sur le soleil.

La constitution physique de notre grand luminaire était un problème encore plus ardu que celui de la distance, et sans le secours inespéré de l'analyse spectrale, il est probable qu'il fut resté à jamais une énigme indéchiffrable. Et d'abord, comment évaluer la température de cette masse incandescente? Si l'on tient compte à la fois des 37 millions de lieues qui nous en séparent et des effets thermiques que produisent ses rayons à la surface terrestre, on arrive à cette conclusion que l'intensité de la chaleur solaire est incomparablement plus grande que celle de nos plus violents feux de forge. Les récents travaux de M. Hirn sur la thermodynamique ont fixé approximativement la température du grand astre à 1,200,000 degrés centigrades. Je dis approximativement, car il est à présumer que de nouvelles recherches sur les protubérances hydrogénées, qui s'élancent par intervalles dans la chromosphère, modifieront ce chiffre. La méthode de M. Hirn repose, en effet, sur ce principe que la vitesse et la hauteur des protubérances dépendent du degré d'énergie calorifique qui anime la masse solaire. Il est, dès lors, évident que la valeur thermique de cette dernière sera mieux évaluée, quand on connaîtra d'une manière plus précise les éléments dont elle est fonction. Il n'est pas aussi aisé de déterminer l'intensité lumineuse. Les chiffres obtenus par les physicien, qui ont cherché à comparer la lumière du soleil à celle de la flamme d'une bougie, de la lampe Carcelle d'un bec de gaz, etc., sont tellement incertains et discordants qu'il est inutile de les discuter. Mieux vaut avouer notre ignorance. Disons seulement que la lumière la plus éblouissante, que puisse produire l'industrie humaine, l'arc électrique, s'éclipse et n'est plus qu'une ligne noire quand on le place devant le disque de l'astre du jour.

Il est plus facile d'analyser les éléments chimiques qui composent la masse solaire. Les plus répandus, à en juger par la fréquence et la netteté des lignes qui se montrent au spectroscope, sont d'abord l'hydrogène, puis le fer, le nickel et le magnésium. Viennent ensuite la plupart des métaux qui entrent dans la constitution de l'écorce terrestre. La liste s'accroît chaque jour ainsi que celle des métalloïdes, qu'on n'avait pas su d'abord démêler, et qui se révèlent à mesure que les observateurs deviennent plus expérimentés et que les appareils d'analyse acquièrent plus de délicatesse et de précision. D'autre part, certaines raies du spectre solaire ne se retrouvent pas dans celui des éléments terrestres. Je ne citerai que les deux principales, sur l'existence desquelles aucun doute n'est permis. L'une, dite la raie 1474, du rang qu'elle occupe dans l'échelle de Kirchoff, appartient à ce gaz primitif que j'ai mentionné plusieurs fois, et qui caractérise les nébuleuses naissantes. L'autre a été appelée la raie de l'*Hélium*, c'est-à-dire la raie du soleil, du mot grec qui désigne cet astre. Tout récemment, on a annoncé que le professeur Palmieri venait de découvrir cette substance dans les cendres du Vésuve. J'ignore si le fait s'est confirmé. Il est tout naturel que le soleil contienne des éléments étrangers à la terre, et *vice versa*. Cela tient à ce que le premier de ces astres n'a pas encore parcouru, comme le second, l'échelle entière des températures. Ainsi que nous l'avons vu, les corps simples ne se précipitent qu'au fur et à mesure du refroidissement de la masse solaire, et c'est aux dépens de l'hydrogène et du gaz primitif que s'opèrent leurs formations. La liste ne sera donc définitive et ne pourra être comparée à celle des éléments terrestres que le jour où le grand luminaire entrera dans sa phase d'extinction.

La surface du soleil est beaucoup plus complexe qu'elle ne paraît à première vue. Elle comprend trois enveloppes distinctes, d'inégale épaisseur, qui sont, en allant de l'intérieur à la périphérie, la photosphère, la chromosphère, la couronne. La première est la seule qui soit visible à l'œil nu. Elle dessine le contour apparent du globe solaire, et est le principal siège de la chaleur et de la lumière qu'il nous envoie. De là le nom de photosphère (sphère lumineuse), par lequel on la désigne. On l'a comparée, non sans raison, à une nappe de nuages dont les molécules seraient des gouttelettes de métaux en fusion ou mieux encore d'oxydes incandescents. Examinés à la lunette, ces nuages présentent alternativement des saillies brillantes ou facules, du latin *facula* (flambeau), et des dépressions marquées par des points obscurs appelés pores. Parfois une dépression, s'élargissant et se creusant en entonnoir, prend l'aspect d'une tache noire, dont le contour illuminé au voisinage des facules, offre une teinte grisâtre, qui a reçu la dénomination de pénombre. Dans sa période de formation, la tache va s'agrandissant, puis reste quelque temps stationnaire. Quand elle touche au terme de sa carrière on voit aux bords opposés de la pénombre des langues de feu s'élancer des facules qui la surplombent, se précipiter au devant l'une de l'autre, revenir en arrière après un premier contact, et recommencer ces allées et venues, jusqu'à ce qu'elles se joignent définitivement en formant un pont lumineux qui divise la tache en deux parties. Bientôt, celles-ci se fractionnent à leur tour et le résultat final est l'écroulement de la matière photosphérique dans les cavités, qui finissent par disparaître. Certaines taches n'ont qu'une existence de quelques heures ; d'autres persistent des jours, des semaines ou des mois. Leurs dimensions sont aussi variables que leur durée. La profondeur est estimée à 500 lieues en moyenne, mais elle arrive parfois à mille et même à 1500. Le diamère de l'ouverture atteint des proportions encore plus considérables. On en a mesuré de 10, 12 et 15 mille lieues. Elles sont alors visibles à l'œil nu. Comme les taches marchent de l'est à l'ouest, entraînées par la rotation du globe solaire, la perspective modifie à chaque instant leur figure. C'est d'abord une ellipse aplatie qui va s'élargissant de jour en jour, jusqu'à ce qu'elle occupe le centre du disque. Là elle se montre sous sa forme véritable, qui est généralement circulaire. Puis l'ellipse se dessine de nouveau en se rétrécissant de plus en plus, jusqu'à ce qu'elle atteigne le bord occidental et disparaisse. Nous avons vu que la découverte des taches fut une des premières applications de la lunette, et que l'étude de leurs mouvements fit connaître à Fabricius et à Galilée la rotation du soleil. On les prit d'abord pour des nuages, mais Wilson établit, en 1769, que ce sont des cavités. Ce fait a été confirmé depuis. Il est à remarquer qu'au lieu de se montrer aux divers points du disque solaire, elles se localisent généralement de part et d'autre de l'équateur, dans les zones qui s'étendent du 10° au 30° ou 35° degré de latitude. Il est rare qu'on en rencontre au delà du 45° parallèle. Un autre fait, digne d'être noté, est leur périodicité annoncée en 1851 par Schwabe, et confirmée depuis par les recherches de Wolf, de Zurich, qui l'a fixée à 11 ans, 11, ou 11 ans un mois et dix jours. Ce nombre doit être considéré comme une moyenne autour de laquelle oscille la période dans des limites d'ailleurs assez étroites.

Elle se divise en deux sous-périodes d'inégales durées, l'une de 7 ans et demi, correspondant au minimum des taches, l'autre de trois ans six dixièmes, correspondant au maximum. Le minimum peut s'abaisser à 20 ou au-dessous, tandis que le maximum dépasse parfois 330. Les derniers minimum ont eu lieu en 1856, 1867, 1878, les derniers maximum en 1860, 1871, 1882. Ajoutons que c'est aux époques de maximum, que les taches atteignent généralement leurs plus grandes dimensions et qu'elles deviennent visibles à l'œil nu.

La formation des taches et leur fluctuation indiquent que la surface solaire est très tourmentée. Ce fait ressort avec une évidence encore plus grande de l'étude de la seconde enveloppe ou chromosphère. Depuis longtemps on avait remarqué que dans les éclipses totales de soleil, au moment où cet astre est masqué par le disque lunaire, ce dernier s'entoure de lueurs roses ou purpurines traversées par des langues de feu. L'éclipse totale du 8 juillet 1842, visible du midi de la France, et qu'Arago alla observer à Perpignan fut décisive à cet égard. Mais il fallut attendre l'invention et le perfectionnement de l'analyse optique pour deviner la cause du phénomène. En 1868, M. Janssen, envoyé dans l'Inde par le Bureau des longitudes pour étudier l'éclipse du 18 août, reconnut, à l'aide du spectroscope, que les lueurs roses, qui entouraient le disque lunaire, étaient le reflet d'une vaste nappe d'hydrogène incandescent, et que les langues de feu ou protubérances, qui la sillonnaient, provenaient d'éruptions du même gaz, parties du globe solaire. Cette masse fluide, qui enveloppe la surface apparente du soleil, a reçu le nom de chromosphère (sphère colorée), à raison des teintes purpurines qui la caractérisent et l'ont fait découvrir. Aujourd'hui, les astronomes peuvent en suivre les détails à toute heure, en affaiblissant la lumière du jour à l'aide d'un procédé indiqué en même temps par MM. Janssen et Lockier. Les protubérances qui constituent le trait le plus saillant de la chromosphère établissent de la façon la plus évidente que la surface du soleil est dans un état d'agitation indescriptible. Qu'on se figure d'immenses colonnes de flammes s'élevant tout à coup au-dessus de la photosphère, avec une vitesse de 200 kilomètres par seconde, pour atteindre des altitudes de 80 mille lieues et même plus. Après s'être maintenue quelque temps dans ces hautes régions, l'énorme masse s'affaissant sous son propre poids retombe en pluie de feu et va se perdre dans la chromosphère. Beaucoup plus nombreuses et plus fréquentes que les taches, les protubérances ont, comme ces dernières et aux mêmes époques, des années de maximum et de minimum, de plus, elles surgissent indistinctivement sur tous les points de la surface du soleil, bien que nous ne les apercevions que lorsqu'elles se montrent sur son pourtour. Il est à présumer que la force qui creuse des entonnoirs au-dessous de la photosphère, pour donner naissance aux taches, et celle qui élève des spirales gazeuses au-dessus, se rapportent à un même principe, et nous trouvons ce principe avec M. Faye dans le refroidissement de l'astre combiné avec le mouvement rotatoire. Nous connaissons déjà ces deux facteurs de la mécanique céleste, et nous avons vu que la genèse des planètes et des satellites de notre système découlent de leur action sur la nébuleuse solaire aux premiers âges de son existence. Cette même action nous donne la clef des phénomènes de l'époque actuelle. L'abaissement de température amène dans les couches supérieures la précipitation des corps simples, bientôt suivie de celle des oxydes. Ces derniers, entraînés par leur poids, tombent vers la photosphère qui leur doit son incandescence. Mais la chaleur centrale ne tarde pas à désagréger leurs éléments qui, en vertu de leur légèreté spécifique, remontent aussitôt à la surface. Il s'établit ainsi, de haut en bas et de bas en haut, un double courant modifié par la rotation de l'astre. Il y a par conséquent rupture d'équilibre en divers points de l'atmosphère solaire, et, comme dans l'atmosphère terrestre qui, à beaucoup d'égards, en est la reproduction sur une petite échelle, une telle rupture amène la formation de cyclones qui se manifestent, tantôt en tourbillons au-dessous de la photosphère, tantôt en éruptions gazeuses au-dessus. Nous avons vu que l'élément essentiel de ces éruptions ou protubérances est l'hydrogène incandescent. Il convient d'ajouter qu'on y distingue aussi des traces de métaux, tels que le magnésium et le sodium, et principalement la raie de l'*Hélium*, caractéristique de la chromosphère.

Au-dessus de la chromosphère s'étend une vaste nappe de matière gazeuse excessivement raréfiée, qui forme la troisième enveloppe du soleil, c'est la couronne. Bien que son éclat lumineux surpasse celui de la pleine lune, elle n'est visible, même au télescope, qu'à la faveur d'une éclipse totale, c'est-à dire cinq ou six fois par siècle, et seulement une ou deux minutes en moyenne chaque fois. Aussi ne connaît-on encore que d'une manière très imparfaite son étendue et sa véritable nature. L'éclipse du 6 mai 1883, que M. Janssen alla observer à l'île

Caroline, dans l'Océanie, a permis de constater, grâce à une durée exceptionnelle de 5 minutes 25 secondes, que la couronne est beaucoup plus considérable qu'on ne l'aurait cru, et qu'une partie au moins de la matière qui la compose a les plus grandes analogies avec celles des queues cométaires. Or, on sait que cette dernière est d'une ténuité incalculable. D'autre part, le spectroscope montre que la raie caractéristique de cette enveloppe solaire est la raie 1474 de l'échelle de Kirchoff, qui désigne, comme on l'a vu, une substance gazéiforme d'une densité incomparablement plus faible que celle de l'hydrogène, en d'autres termes, le premier état de condensation de la matière. D'après ces données, il est évident que les molécules constitutives de la couronne sont d'une fluidité qui échappe à tout calcul, à toute mesure, à toute appréciation, et on s'explique comment certaines comètes, telles que celles de 1811 et de 1843, ont pu traverser cette zone sans éprouver aucune altération. La déperdition de la chaleur solaire dans l'espace s'opérant par l'enveloppe extérieure, celle-ci devient naturellement le point de départ de tous les phénomènes qu'amène le refroidissement à la surface de l'astre, et en premier lieu de la précipitation des corps simples, dont l'hydrogène forme en quelque sorte l'avant-garde. Un fait qui a frappé d'autant plus vivement les observateurs qui en ont été témoins, qu'il leur paraissait inexplicable, nous semble la démonstration expérimentale de cette loi. On voit parfois un nuage d'hydrogène se former insensiblement, sans cause apparente, au sein de la couronne, flotter quelque temps, puis descendre et se perdre dans la chromosphère. C'est une condensation de la matière coronale rappelant celle qui a lieu journellement dans notre atmosphère, lorsque l'arrivée d'un courant froid transforme la vapeur d'eau en brouillard, nuage et pluie.

Nous avons vu, dans la première partie de ce livre, que le soleil est une des étoiles de la voie lactée. Les détails que je viens de donner sur sa distance, ses dimensions, son éclat lumineux et les phénomènes dont sa surface est le siège vont nous permettre de marquer le rang qu'il occupe parmi les étoiles de ce groupe. A en juger par son volume et par l'intensité de la lumière qu'il nous envoie, on estime que s'il était situé à la distance de *Sirius* (39 trillions de lieues), ce ne serait plus qu'un astre de 6ᵉ grandeur, c'est-à-dire à peine visible à l'œil nu. Sa nuance le range dans la classe des étoiles jaunes. On conclut de là qu'il est plus avancé en âge que les étoiles blanches, les plus jeunes de toutes; et moins que les étoiles orangées, et à plus forte raison que les étoiles rouges. Les fluctuations de ses taches et le retour, tous les onze ans, d'une époque de maximum et de minimum indiquent qu'il fait partie des astres variables et périodiques. L'abaissement de température suivant toujours sa marche progressive, la photosphère perdra insensiblement son éclat lumineux, en prenant, tour à tour, les teintes de l'orangé, du rouge vif, du rouge sombre, et ne terminera la série de ses métamorphoses que lorsque le globe solaire, considérablement réduit de volume, par suite de la contraction qu'amène le refroidissement, sera recouvert d'une croûte obscure, autour de laquelle les dernières condensations gazeuses de la couronne et de la chromosphère formeront une nappe atmosphérique. L'astre éteint entrera alors dans la phase organique qu'il est inutile de décrire ici, un chapitre spécial lui étant consacré à la fin de ce livre. Il continuera ainsi sa course silencieuse à travers le temps et l'espace, jusqu'à ce que, heurtant un corps céleste d'une masse considérable, il revienne à l'incandescence primitive, par la transformation soudaine du mouvement perdu en chaleur, pour recommencer l'éternel cycle des évolutions stellaires. Tel est le sort réservé aux globes qui sillonnent l'immensité. D'après les calculs les plus récents de la thermodynamique, on peut évaluer à 15 millions d'années environ l'âge du soleil, je veux dire le temps qui s'est écoulé depuis l'apparition de la photosphère, et à 10 millions d'années le cycle qui lui reste à parcourir avant d'éteindre son dernier rayon. Ces calculs reposent sur l'énergie de la radiation solaire, qui est, par seconde et par mètre carré, de quatre dixièmes de calorie à la surface terrestre, et par suite de 18,500 calories à la surface du soleil. Il en résulte une déperdition annuelle de deux calories par kilogramme de la masse solaire. On sait que la calorie représente la quantité de chaleur nécessaire pour élever d'un degré centigrade la température d'un kilogramme d'eau. On peut se rendre compte de l'énergie de la radiation solaire sur un mètre carré de surface terrestre, par ce fait d'expérience que cette radiation fait bouillir, en moins de dix minutes, un kilogramme d'eau à la température ordinaire.

Je ne terminerai pas cette description sommaire du grand astre sans dire un mot du rôle qu'il joue dans l'économie terrestre et les destinées de notre espèce. Tout ce qui s'agite, respire, palpite autour de nous, s'alimente de force vive à cette source intarissable de chaleur et de lumière. Les vapeurs qui s'élèvent de l'Océan pour retomber en pluies fertilisantes sur les campagnes, les neiges et les glaciers dont la fonte renouvelle sans cesse le cours des rivières, la sève qui circule dans la plante, ont pour cause première l'énergie des rayons solaires. Que ces rayons s'alanguissent ou s'éteignent, et aussitôt le mouvement vital de s'arrêter, le monde de rentrer dans la nuit du chaos. L'humanité elle-même est sous leur empire, car la nature de notre alimentation, la manière de nous vêtir, les règles de l'architecture, le tempérament des races, l'accroissement de la population, tous les facteurs en un mot de l'économie sociale, sont régis par les influences climatériques qui reflètent l'action de l'astre roi. Le sort de notre espèce est si intimement lié à cette action qu'il suffit parfois d'une perturbation passagère de la photosphère, d'une recrudescence de taches par exemple, pour amener une année pluvieuse. Or, toute année pluvieuse se traduit d'ordinaire par de mauvaises récoltes, c'est-à-dire par la disette, le malaise social, les faillites commerciales, les révolutions. Le mouvement politique de 1789 coïncida avec une épouvantable famine, qui en précipita le dénouement. L'année d'avant, un double cyclone avait dévasté la France, des Pyrénées à l'Océan, et détruit les moissons. Le défaut de subsistances ayant persisté plusieurs années eût les suites les plus fâcheuses sur l'esprit de la population parisienne. C'est au cri : *Du pain !* que, dans les journées du 5 et 6 octobre, les femmes des faubourgs se dirigèrent vers le château de Versailles et ramenèrent Louis XVI comme otage de la détresse publique. C'est encore au cri : *Du pain !* que les sectionnaires envahirent plusieurs fois la salle où délibéraient les représentants du pays. Les scènes de désordres et de violences qui s'en suivirent affolèrent la Convention et la firent dévier de sa voie. Chaque secousse de la tourmente révolutionnaire fut moins le contre-coup des menaces de Brunswick qu'un lugubre écho de la famine. L'influence que le soleil exerce sur le globe terrestre se manifeste jusque dans les oscillations diurnes de la boussole. Chaque matin l'aiguille aimantée quitte sa position d'équilibre pour régler sa marche sur celle du grand foyer d'attraction. Après avoir parcouru un arc de quelques minutes, arc qui varie suivant la saison et la latitude, elle s'arrête sur les deux heures de l'après-midi, reste quelque temps stationnaire, puis rétrograde vers l'est jusqu'à ce qu'elle regagne sa position première, qu'elle atteint au milieu de la nuit. En même temps qu'elle est entraînée par le mouvement diurne de l'astre du jour, elle obéit aux fluctuations qui se produisent à la surface. L'amplitude des oscillations augmente, en effet, ou diminue dans un même lieu avec l'afflux et le retrait des taches et des protubérances, et, de même que ces phénomènes, présente alternativement et aux mêmes époques un maximum et un minimum, tous les onze ans environ. Une éruption gazeuse, d'une violence inaccoutumée, se fait-elle jour à travers la chromosphère, cet accès de fièvre se répercute à l'instant sur l'aiguille aimantée, dont les mouvements convulsifs et désordonnés sont le prélude d'une aurore polaire qui apparaît aux premières heures de la nuit, comme un dernier reflet de l'agitation photosphérique. Ainsi, tout ce qui s'accomplit autour de nous relève du grand astre. Son action sur les forces cosmiques est si évidente que tous les peuples primitifs l'ont divinisé, reconnaissant en lui le suprême régulateur de la nature. Au temps d'Hérodote, on disait encore le Dieu soleil, et les philosophes apprirent à leurs dépens combien il était téméraire de l'assimiler à un globe de feu, dont on pouvait évaluer la distance et les dimensions. De nos jours, ce culte se manifeste d'une autre façon. Chez les nations de l'Orient, comme chez les peuplades sauvages, dès qu'on aperçoit une éclipse, chacun de s'armer d'un fusil ou de tout autre instrument sonore, et d'effrayer, au bruit de la mousquetterie et du tam-tam, le dragon qui dévore le disque lumineux, et menace le monde d'une nuit éternelle. Le vacarme ne cesse que lorsque débarrassé des dents et des griffes du monstre, l'astre souverain reparaît dans toute sa sérénité et sa splendeur.

CHAPITRE III

MERCURE ET VÉNUS. — LEUR ASPECT. — LEURS MOUVEMENTS. — LEUR RELIEF. — LEUR ATMOSPHÈRE. — LEUR MÉTÉOROLOGIE. — LEUR AGE GÉOLOGIQUE.

Mercure est la plus petite des huit principales planètes. Son volume est dépassé par ceux de Ganymède et de Titan, satellites, le premier de Jupiter, le second de Saturne. Gravitant non loin du soleil, elle ne devient visible que lorsqu'elle approche ou s'éloigne des extrémités du parcours que nous lui voyons décrire. Elle apparaît alors comme une étoile de première grandeur; le soir, à l'Occident, après le coucher du soleil, elle brille quelques instants, deux heures au plus, environ, dans les circonstances les plus favorables et disparaît sous l'horizon. Ces apparitions se répètent plusieurs semaines de suite, puis, la planète redevient invisible. Quelques jours après, elle reparaît le matin, à l'Orient, un peu avant le lever du soleil, et recommence les mêmes phases. On dirait deux étoiles distinctes; et les anciens s'y étaient si bien trompés, qu'ils avaient donné un nom différent à chacune d'elles. Nous verrons une méprise analogue se reproduire pour Vénus. Comme Mercure ne se montre qu'au crépuscule et dans les brumes de l'horizon, il n'est pas toujours facile de le distinguer à l'œil nu, dans les pays où l'atmosphère est peu transparente, et Copernic mourut avec le regret de ne l'avoir jamais aperçu sous le ciel gris de la Vistule. A l'aide d'une lunette on peut encore distinguer cette planète lorsqu'elle se projette sur le disque solaire. Ce phénomène aurait lieu chaque fois qu'elle passe entre la terre et le soleil, c'est-à-dire tous les quatre mois environ, si le plan de son orbite coïncidait avec celui de l'écliptique. Mais ces deux plans faisant un angle de sept degrés, le passage a lieu généralement, soit au-dessus, soit au-dessous du disque lumineux. Dans les cas assez rares où il s'effectue devant le soleil, on voit Mercure se projeter sur l'astre du jour, sous forme d'une petite boule noire qui glisse lentement de l'Est à l'Ouest. Il arrive parfois, quand on observe ces passages, qu'on aperçoit autour de la planète une auréole assez étendue, indice probable de l'existence d'une vaste atmosphère sur laquelle je reviendrai bientôt.

Mercure effectue sa révolution autour du soleil en 88 jours, moins 44 ou 45 minutes. L'orbe ainsi décrit dessine une ellipse assez allongée;

d'environ 89 millions de lieues de longueur. Il est facile de déduire de là, par le calcul, que la planète se meut avec une vitesse moyenne de près de 47 kilomètres par seconde ; c'est la plus forte des vitesses planétaires. Le rayon moyen de l'orbite, c'est-à-dire la distance moyenne de Mercure au soleil, est d'environ 14 millions de lieues, et le grand axe de plus de 28 millions. La distance focale mesure près de 6 millions de lieues. Cette valeur est considérable eu égard aux dimensions du grand axe, et il s'en suit que de tous les orbes planétaires, celui de Mercure est relativement le plus allongé. Examiné à la lunette, ce globe présente des phases analogues à celles de la lune, et que j'expliquerai en parlant de ces dernières. Le croissant qu'on aperçoit offre des irrégularités qu'on ne peut attribuer qu'à des sommets de montagnes élevées. Au commencement du siècle Schrœter, étudiant avec soin la marche de ces aspérités, reconnut la rotation de la planète, dont il fixa la durée à 24 heures 50 secondes. Ce chiffre a probablement besoin d'être vérifié, les observations ayant été entravées, tant par l'éclat des rayons solaires que par l'atmosphère de Mercure qui estompe le contour de sa surface. Son diamètre apparent moyen et celui de la terre, vu du soleil, étant dans le même rapport que les diamètres réels, il est aisé d'établir par le calcul que le rayon de cette planète a une longueur de 600 lieues, et que son volume est le 17e environ de celui de notre globe. Sa masse, évaluée d'après l'action qu'elle exerce sur la comète d'Encke, ne représente que le 15e de celle de la terre. Sa densité est 1,376, celle de notre globe étant prise pour unité. C'est la plus forte des densités planétaires. Un corps du poids d'un quintal ne pèse à la surface de Mercure que 52 kilogrammes. C'est dire que la pesanteur y est deux fois environ plus faible que chez nous.

L'axe de Mercure n'est pas perpendiculaire au plan de l'orbite. Comme l'axe terrestre, il s'éloigne un peu de cette position, moins toutefois que ce dernier, l'écart n'étant que 20 degrés environ. On en conclut que les saisons de la planète se rapprochent assez des nôtres et sont même plus uniformes. Il est à croire cependant qu'il existe dans ce parallélisme plus de dissemblances que de similitudes, si l'on tient compte du voisinage du soleil et de la durée de chaque saison qui n'est que de 22 jours. Le sol de Mercure est sillonné comme celui de la terre de chaînes de montagnes, dont les sommets se dessinent en dentelures sur le contour du disque. D'après les mesures de Schrœter, quelques-unes atteignent 19 kilomètres environ de hauteur, tandis que le pic le plus élevé de l'Hymalaya n'arrive pas à 9,000 mètres. La différence paraît encore plus sensible quand on compare les diamètres des deux globes. Celui de Mercure n'est en effet que les 38 centièmes du diamètre terrestre, c'est-à-dire un peu plus du tiers. Nous ne connaissons rien des mers et des continents de cette planète, sa surface nous étant cachée par une épaisse couche de nuages qui flottent dans une vaste atmosphère. J'ai déjà parlé de cette atmosphère au sujet des passages de Mercure sur le soleil. Elle s'est montrée à certains observateurs sous forme d'un anneau lumineux assez étendu, qui entourait le disque noir de la planète. Toutefois, l'anneau ne se produisant pas toujours peut être attribué à un effet d'optique rappelant celui que Flammarion a observé dans ses ascensions en aérostat. L'ombre, dit-il, projetée par le ballon sur les prairies qu'elle traverse, est parfois entourée d'une auréole lumineuse. Mais l'existence d'une atmosphère mercurienne repose sur des faits plus précis. J'ai dit que la planète présente des phases et des croissants analogues à ceux de la lune. Ces croissants, au lieu d'être nettement dessinés comme ceux de notre satellite, ont un contour indécis et estompé. Un tel phénomène ne peut être attribué qu'à la présence d'une enveloppe gazeuse. Des zones, ou des taches, tantôt sombres et tantôt éclairées qu'on aperçoit en divers points du disque, accusent de leur côté la formation de nuages, et par suite l'existence d'une atmosphère au sein de laquelle ils flottent. L'analyse optique confirme ces déductions, car elle constate, à la surface de la planète, la présence d'une couche de gaz semblable au nôtre et de vapeurs absorbantes, autrement dit de vapeurs aqueuses. Cette enveloppe de gaz, de vapeur et de nuages paraît offrir une épaisseur assez considérable, et l'évaporation de l'eau des mers, au voisinage du grand foyer d'incandescence, explique suffisamment son étendue et sa densité. La proximité des rayons solaires a un autre résultat. C'est que les effets météorologiques, vents, pluies, cyclones, décharges électriques, etc., sont beaucoup plus intenses sur Mercure que sur notre globe. Le sol travaillé par l'action incessante d'une atmosphère humide et tourmentée modifie rapidement son relief. De puissantes couches de sédiment se déposent au fond des mers et des vallées. Dans de telles conditions de température et d'instabilité atmosphérique, il n'est guère probable que la vie ait pu dessiner ses premières ébauches. La cellule organique ne peut en effet se constituer que dans un milieu calme, ne dépassant pas 80 degrés du thermomètre centigrade. Tel n'est pas le cas de Mercure, qui reçoit en moyenne 7 fois et demi plus de chaleur que la terre, et dont la surface est le siége incessant de météores d'une puissance incalculable. L'action solaire se trouve modérée, il est vrai, par l'épaisse couche de gaz et de vapeur qui recouvre la planète, mais cette enveloppe servant en même temps d'écran contre le refroidissement nocturne, tout porte à croire que la température de ce petit globe dépasse de beaucoup la nôtre. Il est donc à présumer que la cellule n'a pu encore s'organiser dans les zones tempérées, bien moins encore dans la zone torride. Peut-être prendrait-elle pied dans les régions polaires, si l'hiver n'était pas si court et l'atmosphère si tourmentée. Ces considérations permettent de fixer d'une manière approximative l'âge géologique de la planète. Les alluvions qui se déposent à l'embouchure des fleuves correspondent, suivant toute probabilité, du moins pour la majeure partie, à la formation de l'écorce terrestre, désignée sous le nom de terrain azoïque, et qui constitue l'assise inférieure des roches de sédiment.

On peut résumer ainsi les traits principaux qui caractérisent Mercure et différencient cette planète de toutes les autres. Des huit filles principales de la famille solaire, elle est à la fois la plus petite et la plus rapprochée du foyer central. Son orbite est relativement le plus allongé, sa densité la plus forte, son mouvement de translation le plus rapide. La hauteur de ses montagnes est proportionnellement la plus grande, sa température la plus élevée, son atmosphère la plus dense et la plus considérable. La proximité du soleil l'a empêchée jusqu'ici d'atteindre l'âge adulte et de se parer des merveilles de la vie.

Un mot, maintenant, sur les planètes intramercurienne. L'orbe tracé par un globe céleste est loin d'offrir la rectitude de la courbe qu'on dessine sur une carte, lorsqu'on connaît les dimensions du grand axe et la distance focale. On y découvre des irrégularités ou, pour parler comme les astronomes, des perturbations provenant des attractions mutuelles que les astres excercent entre eux. Lorsque Mercure se trouve entre le soleil et la terre, le rayon de son orbite tend à s'allonger vers nous. Ce serait l'inverse si la terre était entre le soleil et Mercure. Or, d'après les calculs de Le Verrier, il existe, entre la courbe théorique de Mercure et celle qui résulte des observations, des différences qu'on ne peut expliquer que par l'action d'une ou de plusieurs petites planètes, qu'à raison de leur voisinage du soleil, on a désignées sous le nom de Vulcains. Cette manière de voir semblait confirmée par ce fait, que divers observateurs avaient vu des points noirs traverser le disque solaire, en dehors de la zone des taches. Se basant sur ces données, Le Verrier conclut à l'existence d'au moins deux planétoïdes, dont il calcula les orbites, et il annonça que, suivant toute probabilité, l'un d'eux passerait devant le soleil, le 22 mars 1877. Il lui assignait une durée de révolution de 33 jours. Le passage du second devait s'effectuer quelques mois plus tard. Les astronomes n'eurent garde d'oublier le rendez-vous, mais moins heureux cette fois que pour Neptune, ils n'aperçurent aucun point noir se mouvant sur le disque lumineux. L'étude des éclipses totales de soleil, notamment celle du 6 mai 1883, dont la durée exceptionnelle doublait l'importance, a conduit aux mêmes résultats négatifs. Aucun Vulcain n'a été aperçu au voisinage du disque. Il est, dès lors, à présumer que les points noirs, signalés par les observateurs, étaient des illusions d'optique ou des taches solaires, et les irrégularités que présente l'orbe de Mercure doivent être attribuées à l'action perturbatrice qu'exercent sur cette planète les essaims de météorites qui circulent autour du soleil, et dont à la lumière zodicale paraît être le reflet.

Passons à Vénus, circulant entre l'orbe de Mercure et celui de la terre ; cette planète offre, dans sa physionomie, quelques-uns des traits de ses deux sœurs. Son volume et les distances relativement peu considérables qui la séparent du soleil et de notre globe en font la plus belle étoile du ciel. On l'aperçoit quelquefois en plein jour ; elle a des périodes de visibilité rappelant celles de Mercure, mais beaucoup plus accentuées. Pendant plusieurs mois elle se montre le soir à l'Occident, après le coucher du soleil, puis elle s'éclipse restant la nuit sous l'horizon, et le jour perdue dans la lumière. Mais quelque temps après, elle reparaît le matin à l'Orient, avant le lever du grand astre, et recommence une nouvelle période analogue à la précédente, quoique en sens inverse. Les premiers observateurs, ne pouvant supposer que c'était le même astre, qui se montrait tantôt à l'Occident, tantôt à l'Orient, commirent la même méprise que pour Mercure. Ils en firent deux planètes distinctes : l'étoile du soir ou du berger et l'étoile du matin. Se trouvant tous les 584 jours en conjonction inférieure, c'est-à-dire entre la terre et le soleil, cette planète passerait, à chacune de ces époques, devant le disque solaire, si le plan de son orbite coïncidait avec celui de l'écliptique. Mais ces deux plans faisant un angle de 3 degrés 23 minutes, le passage ne devient visible pour nous que lorsque Vénus se trouve sur la ligne des nœuds, je veux dire sur la ligne d'intersection des deux plans. Or, ce phénomène ne se réalise que deux fois par siècle à 8 ans d'intervalle. J'ai exposé plus haut le parti que les astronomes ont su tirer des passages de 1761 et 1769, et plus récemment de 1874 et 1882, pour déterminer la parallaxe solaire, qui devait donner la mesure de la distance de la terre au grand astre.

Vénus offre d'autres analogies avec Mercure, par la hauteur de ses montagnes incomparablement plus élevées que les nôtres, par l'épaisseur et la densité de son atmosphère, enfin par ses phases, soupçonnées depuis longtemps comme conséquences du système de Copernic. Ces phases ne purent être aperçues qu'après l'invention de la lunette, et leur découverte, en 1610, par Galilée, fut un des premiers résultats de cette précieuse conquête. Le grossissement qu'elles présentent, quand on les examine avec un instrument d'optique, leur donne une similitude de plus avec les phases de la lune. Les analogies qu'on remarque quand on compare Vénus à la terre sont encore plus frappantes. On dirait deux sœurs jumelles, tant leur physionomie offre des traits de ressemblance. C'est en effet, à très peu près, même diamètre, même volume, même masse, même densité, même tendance de l'orbite à se rapprocher de la forme circulaire. Faut-il citer, comme dernier trait de similitude des deux planètes sœurs, l'existence d'un satellite autour de Vénus. Nombre d'observateurs, et des plus expérimentés, l'ont aperçu à diverses reprises pendant plus d'un siècle. Lambert calcula les éléments de son orbite. Il lui assigne une révolution de onze jours, un volume un peu plus grand que celui de la lune, et sa distance à Vénus un peu plus considérable que celle de notre satellite à la terre. Il est vrai d'ajouter que ces calculs s'appuient sur des données manquant de précision. La première observation fut faite par Fontana en 1645, la dernière par Montbarron en 1764. Depuis cette époque le compagnon de Vénus est resté invisible, malgré les recherches des astronomes et le perfectionnement des lunettes. Comment expliquer cette étrange disparition. Les uns ont invoqué une illusion d'optique, d'autres le passage derrière Vénus d'une petite planète dont l'existence n'était pas alors soupçonnée. Cette dernière hypothèse paraîtrait la plus probable, s'il ne fallait tenir compte d'un fait constaté par la plupart des observateurs, et établissant que le satellite de Vénus offrait des phases nettement acousées, circonstance que ne sauraient présenter les petites planètes. N'oublions pas toutefois que divers astronomes ont cru reconnaître des troncatures dans quelques-uns de ces astéroïdes, et ainsi s'expliqueraient les phases du prétendu satellite.

Vénus accomplit sa révolution autour du soleil en 224 jours 17 heures. La longueur de l'orbe est de 168 millions de lieues, d'où l'on déduit, pour vitesse moyenne de translation de la planète, près de 35 kilomètres par seconde. Le grand axe mesure 53,500,000 lieues, et la distance focale 350,000 seulement. On en conclut que l'orbite est presque circulaire. Aucune autre planète n'offre ce caractère à un si haut degré. Son rayon moyen, c'est-à-dire la distance de Vénus au soleil, a pour longueur près de 26 millions 750,000 lieues. La rotation s'effectue en 23 heures 21 minutes. Le diamètre de la planète est d'environ 3,000 lieues, et son volume les 87 centièmes de celui de la terre. Sa masse peut être évaluée aux 78 centièmes de celle de notre globe, d'après les perturbations qu'elle exerce sur Mercure et la terre. Sa densité est de 0,905, celle de notre planète étant prise pour unité. Un corps du poids d'un kilogramme ne pèse sur Vénus que 864 grammes. Nous savons peu de chose sur la géographie de cette planète, sa surface ne s'observant qu'avec beaucoup de difficulté. Quand elle se trouve en conjonction inférieure, c'est-à-dire à sa plus courte distance de la terre, elle ne nous présente que sa face obscure. Un croissant lumineux se dessine à mesure qu'elle s'éloigne de nous, mais d'une part l'éclat des rayons solaires, de l'autre, une atmosphère dense, agitée et nuageuse empêchent d'apercevoir le relief du sol. Cependant, il se produit parfois des jours de calme et des éclaircies, et on distingue alors des taches, les unes blanches et brillantes, les autres sombres. Les premières indiquent des continents qui reflètent l'éclat du soleil, les secondes des océans dont les eaux absorbent en partie les rayons lumineux. Dans les régions équatoriales se trouvent plusieurs mers communiquant avec des détroits. L'étude des mouvements des taches, contrôlées par celles des dentelures qu'offre le croissant, a permis de constater la rotation de la planète, et de fixer sa durée. Les dentelures ne sauraient être attribuées qu'à des montagnes. Elles sont plus fréquentes dans la partie boréale du croissant que dans la partie australe. On en conclut que l'hémisphère Nord de Vénus est comme celui de la terre, plus montueux que l'hémisphère Sud. D'après les mesures de Schrœter quelques pics atteignent 43 kilomètres environ de hauteur. Ce chiffre a besoin d'être vérifié, mais on peut affirmer que les montagnes de ce globe sont incomparablement plus élevées que celles des Andes et de l'Hymalaya. Sa météorologie diffère également beaucoup de la nôtre. L'équateur étant incliné de 55 degrés sur le plan de l'orbite la surface de la planète n'a pas de zone tempérée, mais seulement une zone intertropicale occupant 55 degrés en latitude, de chaque côté de l'équateur, et deux zones glaciales, d'une étendue de 55 degrés chacune, empiétant par conséquent sur la précédente. Il en résulte des saisons extrêmement disparates, chaque calotte polaire subissant, tour à tour, l'influence d'un soleil brûlant et d'un froid sibérien. Une chaleur deux fois environ plus intense que la nôtre amène une abondante évaporation de l'eau des mers, et par suite des effets météorologiques d'une grande puissance. Les passages de 1874 et 1882 ont démontré l'existence d'une atmosphère depuis longtemps soupçonnée, et dont la composition et l'étendue sont à peu près les mêmes que chez nous. Quelques instants après le premier contact, lorsque le soleil était déjà échancré, un arc lumineux dessinait la partie du contour de la planète qui se trouvait en dehors du disque. Nombre d'observateurs ont constaté ce phénomène. Pour d'autres, il ne s'est produit qu'à la sortie. Quelques-uns ont aperçu une auréole autour de Vénus, pendant toute la durée du passage. Ces arcs lumineux ne peuvent s'expliquer que par la réfraction des rayons solaires à travers une enveloppe gazeuse. L'analyse spectrale établit qu'elle a même composition que la nôtre, et qu'elle contient de la vapeur d'eau. Mais elle réfracte plus fortement la lumière du soleil, d'où l'on conclut qu'elle est près de deux fois plus dense que l'atmosphère terrestre. On a également constaté que l'aplatissement polaire de Vénus est un peu plus grand que chez nous. Cette différence s'explique par ce fait que la vitesse rotatoire de la planète est un peu plus rapide que celle de notre globe, tandis que sa densité est un peu plus faible.

Si l'on considère Vénus au point de vue des merveilleux phénomènes qui se produisent sur les globes célestes à un moment déterminé de leur évolution, lorsqu'ils sont pourvus de mers et d'une atmosphère, on voit que cette planète est au début de sa carrière organique. Sa végétation, stimulée par une haute température et entretenue par une abondante évaporation des eaux, paraît correspondre à celle de notre époque houillère. La rigueur des hivers retient la faune continentale dans certaines limites. Mais la température uniforme du fond des océans favorise l'essor d'une immense population aquatique, rappelant celle de nos mers primitives. Le règne organique de Vénus présente un trait caractéristique ; il est le seul qui rappelle, du moins dans certaines limites, celui de la terre, les deux globes jumeaux offrant mêmes dimensions et une constitution presque identique, hâtons-nous d'ajouter que ces similitudes se bornent au plan général de l'organisation, et que de grandes divergences doivent se montrer dans les détails. Il est d'axiome, en biologie, que tout organisme reflète, dans sa physionomie et sa structure, le milieu dans lequel il évolue. Or, quelques légères que soient les modifications de densité, de température, de constitution atmosphérique, etc. que présente Vénus, elles suffisent pour imprimer à sa flore et à sa faune un cachet spécial, les différenciant d'une manière sensible, parfois même radicale, des espèces terrestres. On peut comparer les règnes organiques des deux planètes sœurs à deux édifices construits par le même architecte, d'après un plan uniforme, mais avec des matériaux de nature différentes, ce qui entraîne naturellement des diversités de structure, de solidité et d'aspect. Au résumé, de tous les globes de la famille solaire, Vénus est le seul qui rappelle la terre par ses dimensions et les principaux traits de sa physionomie. L'assimilation serait complète, si une trop forte inclinaison de l'axe des pôles n'imprimait à ses saisons un cachait particulier. Se trouvant, à l'heure qu'il est, à l'apogée de son épanouissement organique, notre belle voisine représente l'adolescence dans l'échelle des âges planétaires, à côté de Mercure encore enfant, et du sphéroïde tellurique qui ressent déjà les premiers symptômes de l'épuisement et de la viellesse. Tout porte à croire que sa faune et sa flore offrent dans leurs traits essentiels des similitudes avec les espèces terrestres. Il est permis d'ajouter que ce monde est le seul sur lequel l'être pensant, si toutefois il se montre dans le cours des âges, puisse reproduire, dans certaines limites, le type et les proportions de l'*homo sapiens*.

CHAPITRE IV

LA TERRE. — SA SPHÉRICITÉ. — SES DIMENSIONS. — MOUVEMENT DE ROTATION. — ALTERNANCE DU JOUR ET DE LA NUIT. — MOUVEMENT DE TRANSLATION. — ANNÉE TROPIQUE. — CALENDRIER. — DISTRIBUTION DES SAISONS. — ÉPOQUES GLACIAIRES ET LEUR PÉRIODICITÉ. — TRAJECTOIRE RÉELLE QUE DÉCRIT LA TERRE DANS L'ESPACE. — PHASE ORGANIQUE QU'ELLE PARCOURT EN CE MOMENT.

La terre est la troisième planète que l'on rencontre à partir du soleil. Ce mot de planète appliqué à notre globe paraît tout d'abord étrange. Cependant, si on se reporte à l'étymologie de ce nom (astre errant), on verra que la terre mérite cette dénomination, tout aussi bien que Vénus et Mercure. Elle est ronde ; elle possède un mouvement de giration autour de son axe, et de translation autour du soleil. Je vais exposer aussi succinctement que possible les preuves sur lesquelles on s'appuie pour établir sa sphéricité, sa rotation sur elle-même et sa révolution autour du foyer commun.

La forme sphérique de la terre a été soupçonnée de tout temps par ceux qui s'occupaient de l'observation des astres. C'était, en effet, le seul moyen d'expliquer les phénomènes qui s'offraient à leurs yeux. Les philosophes grecs citaient comme preuves : l'apparition, à l'horizon, d'un navire qui montre l'extrémité de ses mâts avant de laisser voir sa coque ; la vue de nouvelles constellations quand on s'avance du Nord vers le Sud ; le cône d'ombre que notre globe projette derrière lui et qui produit les éclipses de lune, enfin le mouvement diurne des astres qui disparaissent le soir à l'Occident, pour reparaître le matin du côté opposé, montrant ainsi que leur course s'est continuée la nuit sous notre sol. Mais cette manière de voir, qui était en opposition avec les préjugés vulgaires, n'avait jamais franchi le seuil des écoles philosophiques. On se rappelle les objections que les plus savants docteurs de l'Espagne faisaient à Christophe Colomb lorsque le hardi navigateur, après avoir exposé ses idées sur la forme de la terre, affirmait qu'il se faisait fort d'atteindre les Indes orientales en cinglant vers l'Ouest. Il fallait une preuve directe pour convaincre les esprits, et cette preuve fut donnée au commencement du XVIe siècle par Magellan, navigateur portugais au service de Charles-Quint. Parti de San-Lucar, petit port espagnol à l'embouchure du Guadalquivir, le 10 août 1519, et se dirigeant toujours vers l'Ouest, sauf les détours nécessités par la configuration des terres, il arriva jusqu'aux Philippines où il fut tué dans une rencontre avec les sauvages. Mais un de ses lieutenants, le basque Sébastien del Cano, continuant ses instructions, c'est-à-dire cinglant toujours vers l'Ouest, reparut à San-Lucar, le 8 septembre 1522. La terre était donc ronde, puisqu'il en avait parcouru la circonférence entière. Depuis, les voyages de circumnavigation ont été répétés maintes fois de divers côtés, sauf dans la direction des pôles, les glaces formant une barrière infranchissable aux explorateurs. Il ne saurait donc s'élever aucun doute sur la sphéricité de notre planète.

La rotation de la terre autour de la ligne des pôles fut entrevue, dès le V° siècle avant notre ère, par un disciple de Pythagore, Philolaüs, qui expliquait, à l'aide de ce mouvement, la marche diurne des astres. La plupart de ses successeurs adoptèrent cette manière de voir, qui, suivant toute probabilité, serait parvenue sans interruption jusqu'à nous si, au II° siècle de notre ère, *l'Almageste* de Ptolémée ne l'eut déclaré inadmissible. Ce livre étant devenu le code officiel de la science astronomique, notre globe fut voué à l'immobilité, jusqu'au jour où Copernic, reprenant l'idée de Philolaüs, démontra que la rotation terrestre rend compte, d'une manière aussi simple que rationnelle, du mouvement diurne du soleil, de la lune et de la voûte étoilée. Bientôt de nouvelles preuves indirectes, tirées de l'action centrifuge que développe le mouvement giratoire, vinrent s'ajouter à celle-là. Le feu central, révélé par les volcans et par l'accroissement de température qu'on observe dans les mines, faisait supposer que la terre était, à l'origine, une sphère incandescente et fluide. Si elle tournait sur elle-même, ses molécules, cédant aux sollicitations de la force centrifuge, avaient dû abandonner en partie les régions polaires, pour se porter vers l'équateur. Notre globe était donc aplati dans un sens, renflé dans l'autre.

Les astronomes du XVIII° siècle vérifièrent ce fait. En 1735 Bouguer, Godin et Lacondamine allèrent mesurer un arc de méridien au Pérou, tandis que l'année suivante Clairault et Maupertuis se rendaient en Laponie, dans le même but. Leurs mesures comparées avec celles que Picart avait trouvées en 1669, pour la distance comprise entre Paris et Amiens, établirent que la longueur du degré va en augmentant de l'équateur au pôle. On en conclut, par des considérations géométriques très simples, que la terre est légèrement aplatie au voisinage du pôle et renflée dans la zone équatoriale, ce qui implique un mouvement de rotation. Cet aplatissement étant évalué à 42 kilomètres, le rayon terrestre est de 21 kilomètres plus grand à l'équateur qu'au pôle.

Les observations du pendule fournirent de nouvelles preuves. L'action centrifuge ralentissant celle de la pesanteur, la rotation terrestre devait avoir pour conséquence de faire osciller le pendule plus lentement à l'équateur qu'au pôle. Ce fait fut constaté pour la première fois par Richer, lors de son voyage à Cayenne, en 1670. On sait aujourd'hui qu'un pendule d'un mètre de long fait dans le vide, en 24 heures, 86017 oscillations sous l'équateur, 87137 à Paris, 86242 au pôle. D'autre part, les oscillations du pendule devenant plus lentes à mesure que la tige s'accroît, la longueur de cette tige doit varier nécessairement avec la latitude, si la terre tourne et développe dans les régions équatoriales une certaine action centrifuge. Or, il a été constaté que le pendule qui bat la seconde, mesure 991,13 millimètres sous l'équateur, 993,94 à Paris, vers le 49e parallèle, 994,92 à Stockolm, situé 20 degrés plus au Nord, 996,15 au Spitzberg, à 10 degrés du pôle. Cette progression croissante atteste, comme la précédente, les effets de la force centrifuge, et par suite le mouvement giratoire du globe.

Restait à déterminer l'orientation de ce mouvement. L'étude de la chute des graves en indiqua le sens, en même temps qu'elle démontrait, d'une manière directe, la réalité de la rotation terrestre. Une pierre placée au sommet d'une tour élevée parcourt, par suite de la giration du globe, un espace plus grand que celles qui sont situées au pied de l'édifice. Si on la laisse choir, son excès de vitesse la fera tomber un peu à l'Est de la verticale, dans le sens du mouvement de la terre qui s'effectue, comme on sait, d'Occident en Orient. Cette déviation est d'autant plus forte que la hauteur de la chute se trouve plus considérable, et qu'on s'éloigne davantage du pôle. A l'équateur, elle est de 33 millimètres pour cent mètres, à Paris, de 22,7, à Freyberg, en Saxe, de 17,5. En 1851, Léon Foucault donna une autre preuve directe, par sa célèbre expérience du Panthéon. Une tige d'acier de 68 mètres de longueur, suspendue au haut de la coupole, soutenait par son extrémité inférieure une sphère en cuivre de 30 kilogrammes, au-dessous de laquelle se trouvait une pointe. Le pourtour circulaire que devaient atteindre les oscillations de ce pendule était gradué et portait une petite couche de sable fin destiné à marquer le passage de la pointe. Dès les premières oscillations, on remarquait que les traces, imprimées sur le sable par l'extrémité inférieure du pendule, tendaient à s'agrandir dans la direction de l'Ouest, en sens inverse du mouvement terrestre. En une heure, la déviation atteignait plusieurs degrés. Le plan d'oscillation étant invariable, même en tenant compte des effets de torsion que pouvait avoir à supporter la tige, on était amené à conclure que c'était la salle, c'est-à-dire la terre qui tournait d'Occident en Orient.

Le mouvement de translation autour du soleil fut deviné au IIIe siècle avant notre ère, par Aristarque, de Samos. Inutile d'ajouter que les autres philosophes l'accusèrent d'impiété. Mais la démonstration de ce mouvement n'était pas aussi aisée à donner que celle de la giration. Pendant longtemps on dut se borner à invoquer les analogies planétaires et la nécessité de ce mouvement pour expliquer les rouages de la machine céleste. Ce fut Bradley qui, en 1727, en trouva la preuve dans l'aberration de la lumière. Comme il observait l'étoile *Gamma*, du Dragon, dont il cherchait la parallaxe, il reconnut, à sa grande surprise, qu'elle décrivait une petite ellipse en sens inverse de l'orbite terrestre. Il ne pouvait deviner la cause d'un fait si inattendu, lorsqu'un jour, se promenant sur la Tamise, il remarqua que chaque fois qu'il virait de bord, le vent paraissait changer. Ce fut une révélation soudaine. Assimilant la direction du vent à celle des rayons lumineux venus de l'étoile, et la marche du canot à celle du globe, il vit que le mouvement terrestre infléchit la lumière, et que celle-ci, au lieu de tomber perpendiculairement sur nos têtes, agit à la façon des gouttes de pluie qui fouettent notre visage, notre poitrine et nos jambes, sous une inclinaison d'autant plus forte que nos pas sont plus précipités. Ce phénomène, connu sous le nom d'aberration de la lumière, est la démonstration directe de la translation du globe autour du soleil.

Ainsi la terre est une planète puisqu'elle en présente tous les caractères essentiels : corps opaque et sphérique, rotation sur son axe, translation autour du foyer commun. Dès que sa sphéricité eut été établie par les pythagoriciens, on chercha à évaluer son rayon, qui devait servir d'unité de longueur dans les supputations astronomiques. La première détermination est due à Eratosthène (2ᵉ siècle avant notre ère). Ayant mesuré l'arc de méridien compris entre Alexandrie et Syène, il en déduisit la longueur du rayon terrestre. Il serait difficile de donner en mètres le résultat ainsi obtenu, dans l'ignorance où nous sommes de la valeur exacte du stade, dont se servit le géomètre grec. D'ailleurs, l'imperfection des méthodes et des instruments de l'époque ne pouvait conduire qu'à des évaluations grossières. On peut en dire autant des essais tentés par Posidonius, Ptolémée, les astronomes du Calife Al-Mamoun et Fernel. La longueur du rayon terrestre ne fut connue qu'en 1669, lorsque l'abbé Picard eut mesuré l'arc de méridien compris entre Paris et Amiens. La valeur obtenue par le savant académicien fut confirmée par celle que Delambre et Méchain trouvèrent, à la fin du siècle dernier, en mesurant l'arc de méridien qui s'étend de Dunkerque à Barcelone, et devait servir à la détermination du mètre. Les recherches de Delambre et Méchain, comparées avec celles qui avaient été faites un demi-siècle auparavant, au Pérou et en Laponie, par les soins de l'académie des sciences, donnèrent les valeurs suivantes :

Longueur du méridien terrestre, 10,000 lieues ou 40,000 kilomètres.

Diamètre moyen, 3,183 lieues ou 12,732 kilomètres.

Surface, près de 51 milliards d'hectares, dont les trois quarts environ sont occupés par les mers.

Volume, près de mille milliards de kilomètres cubes.

La densité de la terre, rapportée à celle de l'eau, étant, d'après les expériences les plus récentes, 5,56, on trouve en multipliant ce chiffre par le volume du globe que ce dernier pèse près de six mille milliards de tonnes. La température moyenne est évaluée, par les physiciens, à 15 degrés centigrades. L'épaisseur de la couche gazeuse qui l'enveloppe, estimée à 400 kilomètres, d'après les observations de Liais, sous le ciel du Brésil, semble atteindre 800 kilomètres et même davantage, si l'on tient compte de la hauteur de certains bolides et des aurores boréales. Le poids de l'atmosphère, évalué d'après celui de la colonne baromètrique, est de 6263 trillons de tonnes.

La rotation de la terre autour de la ligne des pôles s'effectue en 23 heures 56 minutes 4 secondes. C'est le jour astronomique ou le jour sidéral. On le détermine en mesurant l'intervalle qui s'écoule entre deux passages consécutifs d'une étoile au méridien. Le jour solaire ou jour civil est le temps que met le soleil à accomplir ces deux mêmes passages. Il a une durée de 24 heures, retardant ainsi de trois minutes 56 secondes sur le jour sidéral. Ce retard provient de ce que la terre se déplaçant le long de son orbite, pendant qu'elle effectue sa rotation, est obligée de parcourir un petit arc supplémentaire pour se retrouver vis-à-vis du soleil dans la même position que la veille. La durée du jour ne paraît pas avoir varié depuis Hipparque, et plus généralement depuis le refroidissement de la croûte terrestre. Mais il n'en était pas de même à l'époque de l'incandescence du globe. Le mouvement rotatoire allait s'accélérant à mesure que la masse perdait son calorique, le refroidissement ayant pour effet de diminuer la longueur du rayon terrestre et d'augmenter son énergie giratoire. Aujourd'hui l'accélération est insignifiante, si toutefois elle existe encore, l'épaisseur de la croûte du globe et son peu de conductibilité pour la chaleur rendant inappréciable la diminution du rayon.

Le mouvement rotatoire produit l'alternance du jour et de la nuit. Ces deux termes seraient constamment égaux sur tous les points de la surface terrestre, s'il n'existait pas d'enveloppe gazeuse et si la ligne des pôles était perpendiculaire au plan de l'écliptique. Mais la réfraction, je veux dire la déviation qu'éprouvent les rayons lumineux, en traversant l'atmosphère, relève un peu le soleil au-dessus de l'horizon, avant son lever, comme après son coucher, ce qui augmente la durée du jour aux dépens de la nuit. A la réfraction s'ajoutent l'aurore et le crépuscule, qu'on peut définir l'illumination de l'atmosphère, tant que le soleil se trouve au-dessous de l'horizon, et n'en est pas distant de plus de 18 degrés. L'inclinaison de la ligne des pôles, en d'autres termes l'angle de 23 degrés 27 minutes qu'elle fait avec la normale au plan de l'écliptique, amène des résultats autrement importants. A l'équateur, le jour est constamment égal à la nuit, sauf les effets de réfraction et d'illumination atmosphériques. Partout ailleurs, cette égalité n'a lieu qu'aux équinoxes, c'est-à-dire le 21 mars et le 22 septembre. A ce moment la terre se présente de face par rapport au soleil qui l'éclaire d'une manière uniforme. A partir du 21 mars jusqu'au solstice d'été (21 juin), l'hémisphère boréal se penche de plus en plus vers le grand luminaire, puis tend à reprendre sa position équinoxiale qu'il retrouve le 22 septembre. Pendant cet intervalle, le jour va grandissant de l'équateur au pôle, jusqu'au solstice d'été où il atteint son maximum. Il diminue ensuite d'après la même loi, et le jour redevient égal à la nuit, à l'équinoxe d'automne. Au delà du cinquantième parallèle, c'est-à-dire à partir du Nord de la France, et en remontant vers le pôle, la nuit cesse d'être complète au solstice d'été, les premières clartés de l'aube succédant aux dernières lueurs du crépuscule. En Suède l'illumination atmosphérique est assez considérable pour qu'on puisse lire à minuit. Au voisinage du cercle polaire, vers le 66ᵉ degré de latitude, le soleil ne se couche pas le 21 juin et se contente de raser l'horizon. Plus haut encore, dans la direction du Nord, l'illumination diurne dure, suivant le parallèle, plusieurs jours, plusieurs semaines ou plusieurs mois. Au pôle elle se continue sans interruption de l'équinoxe de printemps à l'équinoxe d'automne, ce point étant, pendant tout cet intervalle, constamment éclairé par le soleil. Une insolation si longue a son contre-coup dans la végétation des régions boréales et, par suite, dans les destinées de l'espèce humaine. En Suède, en Russie, dans l'Amérique du Nord, l'astre du jour planant au-dessus de l'horizon, 15, 18, 20, 22 heures, et même davantage, suivant la latitude, déverse, par cette accumulation de rayons solaires, une quantité de chaleur supérieure à celle que reçoivent les provinces méridionales de l'Espagne au fort de l'été. On se croirait sous le ciel des tropiques, à voir la température qui règne au milieu du jour, les innombrables légions de moustiques dont l'air est infesté, et par-dessus tout l'activité que déploient les forces végétales. En quelques semaines, les céréales poussent, mûrissent, et se moissonnent, permettant ainsi à de nombreuses et vaillantes populations d'affronter les rigueurs du long hiver sibérien qui ne tarde pas à suivre. En effet, de l'équinoxe d'automne à l'équinoxe de printemps le partage du jour et de la nuit est l'inverse de ce qui a lieu dans la période précédente. L'illumination diurne va diminuant, de l'équateur au pôle, pour faire place aux ténèbres. A mesure qu'on approche des latitudes boréales, les jours sont de plus en plus courts, tandis que les nuits deviennent de plus en plus longues. Au cercle polaire, le soleil ne se lève pas le 21 décembre, époque du solstice d'hiver, et l'obscurité serait complète ce jour-là sans les effets de réfraction d'aube et de crépuscule. Au delà de ce parallèle, la nuit, grandissant de plus en plus, atteint successivement des périodes de plusieurs jours, de plusieurs semaines, de plusieurs mois. Au pôle elle se prolongerait du 22 septembre au 21 mars, si l'illumination et la réfraction atmosphérique ne diminuaient sa durée. Les ténèbres ne sont interrompues que par les aurores boréales et par la clarté de la lune quand notre satellite se montre au-dessus de l'horizon. Ce que je viens de dire de l'hémisphère Nord, s'applique, mot pour mot, à l'hémisphère Sud, avec cette seule différence que lorsque les jours grandissent ou diminuent dans le premier, ils décroissent ou augmentent dans le second, et que le pôle austral est illuminé ou obscur, suivant que le pôle boréal se trouve dans l'ombre ou dans la lumière.

La translation de la terre autour du soleil s'accomplit en 365 jours 6 heures 9 minutes 11 secondes. C'est l'année sidérale. L'orbe mesure 232 millions 500,000 lieues, d'où l'on conclut que le globe se meut avec une vitesse moyenne de près de 29 kilomètres et demi par seconde. Le grand axe est de 74 millions de lieues, et la distance focale de 1 million 250,000. L'excentricité étant ainsi peu considérable, la trajectoire approche de la forme circulaire. Toutefois, l'ellipse est assez prononcée pour que la vitesse de la terre varie aux diverses époques de l'année, s'accélérant, d'après la loi de gravitation universelle, quand nous nous approchons du soleil, c'est-à-dire au voisinage du périhélie, se ralentissant, lorsque nous nous éloignons du grand foyer d'attraction, aux approches de l'aphélie. Il en résulte que le jour solaire dont la durée dépend, ainsi que nous l'avons vu, de la vitesse de translation du globe n'est pas invariable comme on le croit généralement. L'heure de midi du jour civil, qui doit être immuable, ne peut donc se régler sur celle du jour solaire, c'est-à-dire sur les passages du soleil au méridien. Pour remédier à cet inconvénient les astronomes ont imaginé un soleil fictif, se mouvant toute l'année, d'une manière uniforme, avec une vitesse constante, et c'est sur ce mouvement qu'ils règlent les horloges. Le maximum de retard du cadran solaire sur le temps civil a lieu le 11 février, et s'élève à 14 minutes et demie ; le 3 novembre, se produit le maximum d'avance qui est de 17 minutes. Ajoutons qu'une horloge bien réglée ne coïncide avec l'heure donnée par le cadran solaire que quatre fois l'an, au milieu d'avril et de juin, et à la fin d'août et de décembre.

Dès l'antiquité la plus reculée, l'observation du cours des astres fit diviser l'année en semaines, mois et saisons. Les phases de notre satellite donnèrent la semaine, les lunaisons conduisirent au mois, le retour des équinoxes et des solstices amena les saisons. Toutefois, ce n'est pas sur l'année sidérale qu'a été basé le calendrier, mais sur l'année tropique, plus courte que la précédente de 20 minutes 23 secondes. L'année sidérale représente une révolution complète de la terre autour du soleil. On la détermine en évaluant le temps que met notre globe pour revenir à la même position vis-à-vis d'une étoile prise comme point de repaire, mais elle ne correspond pas au retour des équinoxes et des solstices. Les divisions du calendrier devant nécessairement s'accorder avec les saisons, on a dû prendre pour base de l'année civile une autre période. En vertu de la précession des équinoxes, dont j'ai parlé plus haut, la terre revient à l'équinoxe de printemps quelques minutes avant qu'elle ait accompli sa révolution autour du soleil. C'est l'année tropique qui a servi à régler l'année civile. Lorsque Jules-César établit, l'an 46 avant notre ère, le calendrier qui porte son nom, et dont nous nous servons encore aujourd'hui, Sosigène, astronome d'Alexandrie, consulté à cet effet, fixa l'année tropique à 365 jours 6 heures. On fit alors l'année de 365 jours et, pour tenir compte de la fraction, on convint que tous les quatre ans il y aurait une année de 366 jours, dite bissextile. Mais on s'aperçut, avec le temps, que la fraction de 6 heures était trop forte et que les divisions du calendrier Julien ne s'accordaient plus avec la succession des saisons. L'erreur atteignait un jour tous les 125 ans. Au XVIe siècle, l'écart était de 10 jours. Pour ramener l'accord entre l'année civile et l'année tropique, le pape Grégoire XIII décréta, en 1582, que le lendemain du 4 octobre de la même année serait le 15 octobre. Afin d'échapper désormais aux inconvénients du calendrier Julien, il établit que tous les 400 ans on supprimerait l'année bissextile qui clôt chaque siècle. L'erreur qui subsiste encore est si petite qu'elle n'atteindra la valeur d'un jour et ne nécessitera une nouvelle correction du calendrier que dans 4000 ans. La réforme grégorienne, acceptée aussitôt par tous les pays catholiques, fut successivement adoptée par l'Allemagne, en 1600, et par l'Angleterre en 1752. Les peuples du rite grec, s'en tenant toujours au calendrier Julien, sont aujourd'hui en retard de 12 jours sur le nôtre. En 1900 ce retard sera de 13 jours à cause de l'année bissextile, qui doit être retranchée à cette époque, d'après la réforme grégorienne.

Un mot maintenant sur la distribution des saisons. L'orbite terrestre offre quatre points principaux auxquels on a donné des noms particuliers, et qui servent à marquer les quatre divisions de l'année. Ce sont les deux équinoxes et les deux solstices. Prenons pour point de départ l'équinoxe de printemps où la terre passe vers le 21 mars. A ce moment, les jours sont partout égaux aux nuits, ainsi que je l'ai dit plus haut, de là le nom d'équinoxe. La terre s'éloigne ensuite du foyer central jusqu'au 21 juin, jour du solstice d'été. On sait que ce nom provient de ce que ce jour-là le soleil cesse de monter dans le ciel par suite de sa marche apparente, et s'arrête quelques instants pour rétrograder. En réalité, c'est la terre qui exécute ce mouvement. Après s'être éloignée du foyer central elle s'en rapproche et passe le 22 septembre à l'équinoxe d'automne. De là, continuant sa course, elle arrive au solstice d'hiver, le 21 décembre, et reparaît à l'équinoxe de printemps, à la fin de l'année tropique. La ligne des solstices et la ligne des équinoxes coupent ainsi l'orbite terrestre en quatre parties, correspondant aux quatre saisons. Mais cette orbite étant elliptique, la ligne des équinoxes au lieu de passer par le centre passe par le foyer solaire, de sorte que les sections correspondant au printemps et à l'été de notre hémisphère sont plus grandes que les sections qui forment l'automne et l'hiver. Il en résulte que la terre met plus de jours pour aller de l'équinoxe de printemps à l'équinoxe d'automne, que pour revenir de là à son point de départ. Ce retard est d'autant mieux marqué que le globe parcourant, du 21 mars au 22 septembre, la partie de son orbite la plus éloignée du soleil est moins fortement attiré par cet astre, et se meut plus lentement que dans la seconde moitié de son parcours. Sur notre hémisphère, le printemps et l'été réunis comptent à l'heure qu'il est huit jours environ de plus que l'automne et l'hiver. Dans l'hémisphère austral, les saisons étant l'inverse des nôtres, l'automne et l'hiver sont plus longs que le printemps et l'été. La moitié du globe que nous habitons reçoit donc beaucoup plus de rayons solaires que l'autre, moins peut-être à cause de la durée de la période estivale qu'à raison de la longueur des jours et de la brièveté des nuits. Une insolation si inégalement répartie, jointe à l'accumulation des eaux de l'océan autour du monde antarctique, entretient dans ses régions une époque glaciaire rappelant celle qui sévissait, il y a sept ou huit mille ans, au Nord de l'Europe, de l'Asie et de l'Amérique. La périodicité des grands hivers circompolaires sera traitée avec tous les développements que mérite une question d'un si haut intérêt pour l'histoire de la planète, dans le 2e volume de cet ouvrage, *La Terre*. Ici, je me bornerai à faire connaître les facteurs de la mécanique céleste qui ramènent alternativement les glaciers sur chaque hémisphère. Ils sont au nombre de trois : l'obliquité de l'écliptique, le déplacement du périhélie et les variations de l'excentricité de l'orbite terrestre. L'analyse mathématique nous apprend que ces mouvements ont pour cause les perturbations séculaires que les planètes exercent sur notre globe.

J'ai dit que l'axe des pôles est incliné par rapport au plan de l'orbe que décrit le globe autour du soleil, au lieu de lui être perpendiculaire. C'est ce qu'on appelle l'obliquité de l'écliptique. Depuis de longs siècles, cet angle va en diminuant comme il ressort des observations faites à diverses époques, et dont la plus ancienne, remontant à l'an 1100 avant notre ère, est due aux astronomes chinois. A ce moment l'inclinaison était de 23 degrés 54 minutes 2 secondes. Elle est aujourd'hui de 23 degrés 27 minutes 7 secondes. L'analyse mathématique démontre qu'elle fut d'abord de 24 degrés 35 minutes 38 secondes et qu'elle continuera à décroître à raison de 47 secondes par siècle, jusqu'à ce qu'elle soit descendue à 21 degrés 58 minutes 38 secondes. Elle subira ensuite un mouvement ascentionnel à la suite duquel elle reprendra successivement ses anciennes positions. L'obliquité de l'écliptique a pour conséquence immédiate d'amener alternativement sur chaque pôle six mois d'été et six mois d'hiver. Ce long hiver de 6 mois est une petite période glaciaire, embrassant une calotte polaire d'autant plus étendue que l'obliquité de l'écliptique se trouve plus près de son maximum. Toutefois, elle n'aurait pas grande importance si elle n'était aggravée par un autre mouvement de la terre, le déplacement du périhélie. On désigne ainsi le point de l'orbite terrestre le plus rapproché du soleil. Ce point se meut sous l'action des influences planétaires, entraînant avec lui le grand axe de l'ellipse de manière à lui faire parcourir tout l'orbite dans un cycle de 21,000 ans. A l'heure qu'il est, la terre passe au périhélie vers le premier janvier. En 1250, elle s'y trouvait au solstice d'hiver, le 21 décembre, et elle passait au solstice d'été l'an 9250 avant notre ère. Ce déplacement du périhélie avait complètement interverti l'ordre des saisons. Nos hivers au lieu d'être, comme aujourd'hui, plus courts que ceux de l'hémisphère austral, étaient plus longs et avaient ramené sur nos continents la période glaciaire qui sévit actuellement dans les régions antarctiques. Les frimas du pôle atteignant les latitudes des Pyrénées, la plus grande partie de l'Europe disparut sous un vaste linceul de glace. Pareille chose se reproduira vers l'an 11750 de notre ère, époque où le périhélie reviendra au solstice d'été.

Un troisième mouvement du globe, la variation de l'excentricité de l'orbite terrestre, a son contre-coup dans les phénomènes glaciaires, en exagérant ou adoucissant leurs rigueurs. Sous l'influence des perturbations planétaires le foyer de l'ellipse, que décrit notre sphéroïde autour du soleil, se déplace sans cesse, tantôt s'éloignant, tantôt se rapprochant du centre. L'excentricité va en diminuant depuis un millier de siècles.

D'après les calculs de Le Verrier, elle atteignait à cette époque son maximum, qui est de 0,0474. Elle est aujourd'hui de 0,0168, et continuera à décroître pendant près de 240 siècles. Elle présentera alors son minimum de 0,0033, puis elle reprendra son mouvement ascentionnel. Le soleil se déplaçant, en même temps que le foyer qu'il occupe, marche vers le périhélie et par conséquent s'éloigne de l'aphélie, à mesure que grandit l'excentricité, de là une différence de plus en plus considérable dans la durée des saisons, et par suite dans la rigueur des hivers circompolaires. Tels sont les facteurs astronomiques d'où relèvent les phénomènes glaciaires et leur périodicité. Ces phénomènes sont modifiés à leur tour par des agents météorologiques : altitude des monts, évaporation des mers, direction des vents humides, que j'exposerai dans le livre consacré à la *Terre*.

Revenons à l'orbite terrestre qu'on considère généralement comme une ellipse de forme régulière. En réalité elle présente à chaque instant des inflexions, et ne peut jamais se fermer. Ce n'est pas même une courbe plane. Outre les perturbations séculaires que j'ai mentionnées et qui résultent de l'action combinée des planètes sur notre globe, ce dernier éprouve, chaque fois qu'il rencontre l'une d'elles, des déviations d'autant mieux accentuées que le foyer d'attraction est plus rapproché, ou offre une plus grande masse. La lune, Vénus et Jupiter jouent à ce point de vue un rôle prépondérant, les deux premières à cause de leur voisinage de la terre, la troisième à raison de son énorme volume. Pour me servir d'une comparaison, bien connue et parfaitement juste, notre globe s'écarte un instant de sa route et vient saluer au passage l'astre perturbateur. L'orbe qu'il décrit ne saurait donc être uniforme et régulier. D'autre part, il ne peut être une courbe fermée, car le soleil se déplaçant sans cesse dans l'espace, par suite de son mouvement propre, la terre ne retrouve pas à la fin de sa révolution l'extrémité de la trajectoire qu'elle a commencée un an auparavant. Elle trace une suite de spires elliptiques ayant pour axe la ligne parcourue par le grand foyer d'attraction. Mais ce dernier décrit lui aussi, suivant toute probabilité, une série de spires analogues aux précédentes et beaucoup plus espacées. Telle est du moins la conclusion qui s'impose à l'esprit, si l'on combine la marche du soleil sur la constellation d'Hercule, avec le mouvement qui emporte la voie lactée vers une région inconnue. L'orbe solaire présente lui aussi des inflexions, des inégalités amenées par les perturbations sidérales. La trajectoire réelle, décrite par la terre, est donc une spirale elliptique et sinueuse, s'enroulant autour d'une autre spirale, également elliptique et irrégulière, dont les éléments et la direction nous sont inconnus, toutes deux plongeant par leur extrémité dans l'infini du temps et de l'espace.

Quelle phase assigner au globe tellurien dans la chronologie des âges planétaires. La réponse est aisée. Il suffit de jeter un coup d'œil sur nos mers et nos continents pour s'assurer que, depuis des milliers de siècles, la terre est en pleine carrière organique et qu'elle représente la phase adulte à côté de Vénus encore adolescente, et de Mars exténué par le froid. Ajoutons qu'elle offre déjà des symptômes d'épuisement et de vieillesse. La luxuriante flore houillère, qui atteignait jadis les pôles, a depuis longtemps abandonné ces régions ainsi que les zones tempérées, et n'est plus représentée aujourd'hui que par les plantes des tropiques. La puissante faune continentale des terrains tertiaires, complètement éteinte, a fait place à des espèces de volumes très réduits. Seule, la population maritime, puisant sans cesse des énergies nouvelles dans le fluide nourricier, d'où sont sortis tous les germes de la vie, rappelle encore les formes colossales des âges primitifs, par la baleine, le cachalot, le serpent de mer qu'on ne nie plus aujourd'hui, tant sont nombreux et précis les récits des marins qui l'ont rencontré. On peut dire, néanmoins, que la terre occupe à l'heure qu'il est le premier rang dans l'échelle des âges organiques, et c'est là le trait distinctif qui la différencie des autres planètes de la famille solaire. Elle doit cet avantage, tout temporaire, à ce qu'elle se meut sur une orbite assez distante du foyer central, pour que les rayons calorifiques, qui s'en dégagent, nous réchauffent sans nous brûler. Comme second attribut de la terre, je citerai l'*homo sapiens*, qui, à l'heure actuelle, n'a, suivant toute probabilité, aucun représentant dans les autres globes circonsolaires, sauf peut-être des copies éloignées ou incomplètes. Ajoutons que le sphéroïde tellurien qui, à première vue, n'offre pas plus d'importance que Mars ou Vénus, rachète sa médiocrité apparente, vis-à-vis de ses congénères, par un fait capital. C'est que l'étude des planètes serait une énigme à jamais indéchiffrable, si le spectacle de ce qui se passe autour de nous ne nous avertissait que les surfaces de Jupiter, Saturne, Uranus, etc. contiennent des mers, des continents et une atmosphère, et qu'à un moment déterminé de son existence chacun de ces mondes se pare des splendeurs de la vie, parfois même de la plus sublime des merveilles, l'être pensant.

CHAPITRE V

LA LUNE. — SES PHASES. — SA DISTANCE A LA TERRE. — SES DIMENSIONS. — SON DOUBLE MOUVEMENT. — NATURE DE L'ORBITE. — PERTURBATIONS QUI LA MODIFIENT. — ASPECT DE LA SURFACE LUNAIRE. — INFLUENCE DE NOTRE SATELLITE SUR LA VIE TERRESTRE. — MARÉES. — ÉCLIPSES.

Après la planète, le satellite. La lune est née de la nébuleuse terrestre, de même que la terre est née de la nébuleuse solaire. L'étude de la fille complète celle de la mère, car les liens qui unissent ces deux astres sont si étroits que tout mouvement de l'un se reflète à l'instant dans la marche ou la manière d'être du second.

Le premier phénomène qui frappe les yeux, quand on observe le globe lunaire, est le retour périodique et immuable de ses phases. Supposons qu'il soit en conjonction, c'est-à-dire au moment où il se trouve entre le soleil et la terre ; nous n'apercevons qu'un disque obscur ; c'est la nouvelle lune. Mais bientôt, par suite de son déplacement, l'astre nous renvoie une partie des rayons solaires qu'il reçoit, et le disque se montre le soir, terminé à l'Occident par un mince croissant lumineux. Ce croissant s'élargit de jour en jour, lorsqu'il atteint un demi-cercle; la lune est à son premier quartier. La partie éclairée, s'accroissant toujours aux dépens de la partie obscure, finit vers le quinzième jour d'envahir le disque tout entier; c'est la pleine lune. Notre satellite se trouvant alors en opposition montre tout son hémisphère illuminé. A partir de ce moment les mêmes phases se reproduisent, mais en ordre inverse. Le disque lumineux se rétrécit insensiblement, tandis qu'un croissant obscur reparaît et va grandissant chaque jour. Quand la partie éclairée se trouve réduite à un demi-cercle, la lune est à son dernier quartier. L'empiètement de la zone obscure sur la partie éclairée continuant toujours, celle-ci n'est bientôt qu'un mince croissant qu'on aperçoit le matin, la convexité tournée vers l'Orient. Puis ce croissant disparaît à son tour et on ne distingue plus qu'un disque obscur; on revient à la nouvelle lune. L'ensemble de ces phases constitue une lunaison et dure 29 jours 12 heures 44 minutes. C'est la révolution synodique de notre satellite, qu'il ne faut pas confondre avec la révolution sidérale. (1).

(1) La révolution sidérale ou temps que met la lune à parcourir son orbite autour de la terre est de 27 jours 7 heures 43 minutes 11 secondes. Elle est plus courte que la révolution synodique. Cette différence de durée rappelle celle que nous avons vue entre le jour sidéral et le jour solaire, et s'explique d'une façon analogue.

Il est à remarquer que la partie obscure du disque lunaire, qui devrait rester invisible, offre une légère teinte, grâce à laquelle son contour se dessine nettement sur le ciel; elle est due aux reflets des rayons solaires que la terre envoie à notre satellite, lorsqu'elle tourne vers lui son hémisphère éclairé; c'est la lumière cendrée, dont la nuance varie suivant la nature physique de la surface terrestre d'où elle tire son origine. On conçoit, en effet, que les mers absorbant une partie des rayons solaires qu'elles reçoivent, les réfléchissent moins que les continents, tandis que ceux-ci, à leur tour, renvoient à la lune plus de lumière quand ils sont recouverts de neige.

Les phases de la lune, étant de tous les mouvements des corps célestes le plus apparent après la marche diurne du soleil, ont servi dès la plus haute antiquité à mesurer le temps. Le premier calendrier a été le calendrier lunaire. La phase proprement dite donna la période hebdomadaire, la lunaison conduisit au mois. Les noms des sept planètes des anciens furent appliqués à la dénomination des jours de la semaine, et on désigna les mois par des appellations empruntées aux époques agricoles. On disait la lune des semailles, la lune du blé vert, la lune de la moisson, etc. Chateaubriand a retrouvé cette coutume chez les indiens de l'Amérique du Nord. Cette manière vague de mesurer le temps, dont se contentaient les tribus primitives, ne devait plus suffire aux peuples policés qui lui substituèrent une méthode plus précise, le calendrier solaire. Mais comme certaines fêtes tiraient leur origine des phases lunaires, notamment de la nouvelle lune, on chercha à établir entre les deux calendriers un rapport mathématique qui permit de fixer d'avance le retour de ces fêtes. Ce rapport fut trouvé par l'astronome athénien Meton. L'an 433 avant notre ère, il annonça aux jeux Olympiques que 19 années solaires contenaient exactement 235 lunaisons, de sorte que les phases de la lune, et par suite les fêtes religieuses qu'elles marquaient, revenaient aux mêmes dates tous les 19 ans. Les grecs dans leur enthousiasme décrétèrent que le cycle de Meton serait inscrit en lettres d'or sur les monuments publics. De là le nom de Nombre d'or encore en usage dans nos calendriers pour désigner l'année du cycle dans lequel on se trouve. Le rapport n'est pas rigoureusement exact, mais l'erreur qui subsiste est si faible qu'il faut 312 ans pour qu'elle produise une différence d'un jour.

La lune étant relativement peu éloignée de la terre, on a pu appliquer à la mesure de sa disance la méthode directe, je veux dire celle dont on se sert en trigonométrie pour calculer l'éloignement d'un point inaccessible. Supposons deux observateurs placés sur un même grand cercle terrestre, à une distance considérable l'un de l'autre et dirigeant leurs lunettes vers le centre de la lune au moment où elle passe au méridien. Ils forment ainsi un triangle ayant pour sommets le centre de l'astre et les deux stations choisies. Dès lors, il devient aisé d'évaluer les éléments de ce triangle. En opérant de cette façon, et sauf les détails dans lesquels il est inutile d'entrer ici, Lalande et Lacaille, postés l'un à Berlin et l'autre au cap de Bonne-Espérance, déterminèrent, en 1752, la parallaxe de la lune, c'est-à-dire l'angle sous lequel un observateur placé au centre de cet astre verrait le rayon de la terre. Cet angle étant en moyenne de 57 minutes 34 secondes on déduisit pour la distance du globe à notre satellite 60 rayons terrestres ou environ 96,000 lieues. (1). C'est le rayon moyen de l'orbite lunaire. Il est facile d'établir que cette orbite est elliptique. Si elle était circulaire, le diamètre apparent de la lune serait constant. Or, ce diamètre varie périodiquement de

(1) Ce chiffre représente la distance qui sépare les centres des deux astres ; il en est de même des distances du soleil aux planètes, et des planètes aux satellites.

grandeur, ce qui indique que notre satellite s'éloigne ou se rapproche alternativement de la terre. Lorsque la lune se trouve au périgée, c'est-à-dire à son minimum de distance de notre globe, le diamètre apparent atteint son maximum. Il est alors de 32 minutes 56 secondes. Quand elle arrive à l'apogée, je veux dire à la plus grande distance de la terre, le diamètre apparent devient minimum ; il est alors de 29 minutes 31 secondes. La trajectoire lunaire forme ainsi une ellipse dont l'excentricité est le 18ᵉ du grand axe.

La distance moyenne de la terre à notre satellite, c'est-à-dire le rayon de l'orbite lunaire, étant de 96,000 lieues, on calcule aisément que cette orbite a une longueur d'environ 600,000 lieues. La durée du parcours ou révolution sidérale de la lune est, à l'heure actuelle, de 27 jours 7 heures 45 minutes 11 secondes, d'où l'on déduit que notre satellite se meut avec une vitesse moyenne de 1017 mètres par seconde. Halley remarqua le premier que la durée de la révolution sidérale de la lune a été constamment en diminuant depuis les plus anciennes observations, notamment depuis celles que nous devons aux Arabes. Cette diminution est de 12 secondes d'arc par siècle. La révélation de Halley mit en émoi les astronomes du XVIIIᵉ siècle. La troisième loi de Képler nous apprend, en effet, que la lune ne peut accélérer son mouvement sans raccourcir son orbite, c'est-à-dire sans se rapprocher de la terre. Que cette accélération se continue, et notre satellite finira par tomber sur le globe autour duquel il gravite. Il est aisé de se rendre compte des bouleversements qu'amènerait un tel choc à la surface terrestre. Laplace vint rassurer les esprits en démontrant, par l'analyse mathématique, que la marche de la lune est liée à celle de l'excentricité de l'orbite terrestre, qui va aujourd'hui en diminuant, ainsi que je l'ai établi au chapitre précédent, et que l'accélération du mouvement de notre satellite s'arrêtera pour reprendre successivement ses positions antérieures, le jour où l'excentricité de l'orbe terrestre cessera de décroître et suivra une marche ascentionnelle. Cette théorie ne rendait compte que de la moitié de la valeur donnée par l'observation. Dans ces dernières années, Delaunay a essayé de combler la lacune en établissant, par des considérations très ingénieuses empruntées à la mécanique, que les chocs incessants des marées océaniques contre les continents ralentissent la rotation terrestre et augmentent la longueur du jour d'une seconde par 100,000 ans. Or, agrandir la durée du jour, c'est diminuer celle de la révolution sidérale de notre satellite, l'unité de temps qui sert à déterminer cette dernière étant précisément la période de 24 heures. Toutefois, les craintes léguées par les astronomes du XVIIIe siècle sont loin d'être dissipées, et le débat n'est nullement clos. L'idée qui dirigeait Laplace dans ses calculs procédait de la philosophie de sentiment et non de la philosophie naturelle. Uniquement préoccupé de la stabilité du système solaire, qui devait assurer les destinées de l'humanité, il crut l'établir en démontrant l'invariabilité des grands axes des orbites que décrivent la lune et les planètes. La science obéit aujourd'hui à des tendances plus rationnelles, laissant de côté la question de savoir si l'humanité sera broyée un jour dans les engrenages si compliqués de la machine cosmique ; elle voit que l'Univers est un *fieri* perpétuel, et, prenant pour guide cette grande loi de la nature, elle cherche à découvrir les causes qui doivent amener l'instabilité du système solaire. Elle trouve ces causes dans la chûte des météorites, que ne pouvait soupçonner Laplace, à l'époque où l'académie des sciences déclarait officiellement, par la bouche de Lavoisier, qu'il n'existe pas de pierres dans le ciel, et que par conséquent il n'en saurait tomber sur la terre. Nous savons, aujourd'hui, d'après des observations aussi nombreuses que précises, qu'il tombe annuellement sur notre globe près de 150 milliards de météorites. L'accumulation séculaire de leurs débris agit à la longue sur le sphéroïde terrestre en augmentant sa masse, et par suite sa puissance attractive. Il en est de même de la lune, bien que cette action y soit beaucoup plus restreinte, tant à cause de son petit volume que parce que, étant privée d'atmosphère, elle ne profite que des aérolithes qui viennent s'échouer à sa surface. L'accélération du mouvement lunaire est donc une conséquence fatale des lois de la mécanique céleste. Notre satellite se rapproche de plus en plus de nous et finira par s'écraser sur la terre, qui deviendra pendant quelques instants une étoile temporaire, le choc ayant transformé en chaleur la force vive qui animait les deux globes au moment de leur rencontre. Mais avant cette époque, dont des myriades de siècles nous séparent, l'humanité ne sera plus qu'une espèce fossile, anéantie par son propre épuisement ou par le refroidissement progressif du soleil.

Les influences attractives des divers globes de notre système amènent, dans la marche de la lune, des perturbations rappelant celles que j'ai signalées dans la trajectoire terrestre. Voici les principales :

1° Le grand axe de l'orbite lunaire, ou ligne des apsides, se déplace dans le sens du parcours de l'astre, de manière à effectuer un tour entier dans un intervalle de 8 ans 10 mois environ, ou plus exactement de 3,232 jours. C'est un mouvement analogue à celui du grand axe de l'orbite terrestre, qui accomplit sa révolution en 21,000 ans ;

2° La ligne des nœuds ou ligne d'intersection du plan de l'orbite lunaire avec celui de l'écliptique se déplace d'Orient en Occident, dans une période d'environ 18 ans 8 mois. C'est un mouvement rétrograde analogue à la précession des équinoxes et amené par les mêmes causes ;

3° L'angle que fait le plan de l'orbite lunaire avec celui de l'écliptique varie de 5 degrés 17 minutes 35 secondes, valeur *maxima*, à 5 degrés 0 minutes 1 seconde, valeur *minima*. La moyenne est d'environ 5 degrés 9 minutes. Ce balancement s'accomplit dans une période de près de 6 mois ou de 173 jours.

En dehors de ces perturbations, le tracé de l'orbe lunaire présente un grand nombre d'inégalités, dues surtout à l'action attractive de la terre et du soleil ; quelques-unes sont si délicates qu'elles n'ont pu être discernées qu'à l'aide de l'analyse mathématique. La plus importante et la plus anciennement connue, car on la voit mentionnée dans Ptolémée, est l'évection dont l'amplitude peut atteindre 1 degré 20 minutes. La trajectoire de notre satellite est donc une suite de spires elliptiques présentant des inflexions d'ordre divers et s'enroulant autour de l'orbe terrestre. Rappelons que ce dernier se développe, lui aussi, en spirales autour de la trajectoire solaire, qui n'est elle-même qu'une courbe hélicoïdale. Le parcours lunaire se résume donc dans une sorte de vis sans fin, bosselée et tordue, dont la direction et les éléments échappent à tout calcul.

Passons à l'étude des éléments du globe lunaire. Nous avons vu qu'il a pour diamètre apparent moyen 31 minutes 24 secondes, et pour distance à la terre, environ 96,000 lieues. De ces données on déduit par le calcul :

Diamètre réel, 868 lieues ;
Superficie, 38 millions de kilomètres carrés ;
Volume, la 49e partie de celui de la terre.

L'étude des actions perturbatrices de la lune sur notre globe, telles que hauteur des marées, précessions des équinoxes, etc. indique que le satellite a une masse 81 fois moindre que celle de la planète autour de laquelle il gravite. On en déduit que sa densité est les six dixièmes de la densité terrestre, et que l'intensité de la pesanteur y est un peu plus de six fois moindre que chez nous. C'est la plus faible de tous les globes du système solaire. Un quintal métrique porté sur la lune ne pèserait que 16 kilogrammes et demi.

J'ai dit que la superficie de la lune est évaluée à 38 millions de kilomètres carrés. C'est à peu près la 13ᵉ partie de la surface de la terre, ou celle des deux Amériques. Cette mesure, calculée à l'époque où l'on croyait notre satellite sphérique, doit être un peu modifiée. Laplace a, en effet, démontré, par une savante analyse, que la lune s'est sensiblement allongée vers nous, dans la première période de son existence, lorsque ses molécules fluides obéissaient aux influences de l'attraction terrestre. On estime que l'axe dirigé de notre côté est quatre fois plus grand que l'autre. C'est là un caractère que tous les satellites présentent à un degré plus ou moins prononcé. La surface lunaire, donnée dans les traités d'astronomie, est donc un peu trop faible. Notre satellite tournant constamment vers nous la même face, nous ne devrions en apercevoir que la moitié. En réalité nous en distinguons un peu plus, par suite des trois balancements du disque lunaire appelés, l'un libration en longitude, l'autre libration en latitude, le troisième libration diurne. Pour se rendre compte de la libration en longitude, la plus importante des trois, car elle atteint une amplitude de près de 8 degrés, il faut se rappeler que la lune effectue une rotation autour de son axe dans le même temps qu'elle accomplit sa révolution autour de la terre. Ce fait ressort de ce qu'elle nous présente toujours la même face. Le mouvement giratoire étant uniforme, tandis que le mouvement de translation s'accélère ou se ralentit suivant que l'astre se trouve au voisinage du périgée ou de l'apogée, il s'ensuit que le bord oriental et le bord occidental du disque lunaire avancent ou reculent alternativement d'une petite quantité par rapport à nous, nous montrant ainsi, en partie, les bords de la face opposée. La libration en latitude est un balancement des deux pôles du disque lunaire résultant de ce que l'axe de rotation, au lieu d'être perpendiculaire au plan de l'orbite, fait un angle de 6 degrés 37 minutes avec la normale à ce plan, et de ce que le plan de l'orbite lunaire ne coïncide pas avec l'écliptique. Par suite de cette double inclinaison, la lune nous montre, à un certain moment de son parcours, le pôle Nord, et deux semaines après, lorsqu'elle a accompli une demi-révolution autour de la terre, le pôle Sud. La libration diurne, la plus petite des trois, car son amplitude ne dépasse pas 32 secondes, a pour cause la rotation terrestre qui, nous faisant changer à chaque instant de position par rapport à notre satellite, permet au rayon visuel de dépasser les bords du disque. La libration en latitude et la libration diurne furent découvertes par Galilée. La libration en longitude le fut par Hévélius. Cassini en donna l'explication, que compléta plus tard Lagrange. On évalue à 8 centièmes environ de la surface lunaire la partie qui devient visible à la suite de ce triple balancement.

Le sol de la lune est d'origine volcanique et contraste fortement d'aspect avec celui de notre globe. Les forces souterraines, qui ont modelé le relief terrestre, se sont généralement manifestées par la formation de grandes lignes de montagnes. Le volcan ne s'y montre que par exception. Sur la lune, on observe tout le contraire. Le cône volcanique est la loi, et la chaîne l'accident. On y compte plus de 50,000 cratères. Ils sont plus spécialement distribués sur la partie australe du disque, tandis que les plaines affectent de préférence la partie boréale. Les montagnes de la lune furent une des premières révélations de la lunette de Galilée. Quelques années plus tard, Hévélius et Riccioli dessinèrent, chacun de leur côté, une carte de notre satellite, avec la dénomination des principales proéminences et dépressions du sol. La nomenclature de Riccioli est encore en usage. On trouve dans sa carte la chaîne des Apennins, la chaîne des Carpathes, la chaîne des Pyrénées, la chaîne des Alpes, etc. La plus étendue est celle des Apennins, qui a 720 kilomètres de longueur. Les plaines, généralement de forme circulaire, reçurent le nom de mers, leur teinte sombre ou grisâtre les ayant fait prendre pour des amas d'eau. C'est la mer des crises, la mer de la sérénité, la mer de la tranquillité, la mer du froid, etc. La plus considérable est l'océan des tempêtes que traverse l'équateur. Quand aux montagnes, Riccioli leur donna le nom de personnages illustres, notamment de ceux qui s'étaient voués à l'étude du ciel. Ce mode de désignation s'est continué si bien qu'on a dit plaisamment que la lune est la nécropole officielle des astronomes. De là, les montagnes d'Hipparque, de Ptolémée, de Copernic, de Newton, etc. La plus remarquable par ses dimensions, son éclat et les rayonnements lumineux qu'elle envoie au loin, dans toutes les directions, est Tycho, située vers le centre de la partie australe du disque. Puis viennent Copernic, entre la mer des nuées et la mer des pluies, Aristarque et Képler, qui se dessinent comme des îles du sein de l'océan des tempêtes. L'ombre que projettent les montagnes, quand elles sont éclairées par le soleil,

forme une sorte de triangulation naturelle, qui
permet de mesurer leur altitude. Elles sont généralement très élevées, et quelques-unes atteignent le niveau des principaux sommets de la
chaîne des Andes. Les plus colossales sont les
monts d'Œrfel et Leibnitz, situés au voisinage
du pôle Sud. Leur hauteur dépasse 7,600 mètres. Il convient d'observer que ces chiffres doivent être réduits de moitié, si on veut comparer
les montagnes de notre satellite à celles de la
terre. Les astronomes prennent en effet pour
base de triangulation le fond des plaines lunaires, tandis que les géographes n'évaluent les
altitudes du relief terrestre qu'à partir du niveau des mers. Or, on sait par les sondages exécutés, tant dans le Pacifique que dans l'Atlantique, que la profondeur de l'Océan égale et
même dépasse en certains points la hauteur des
pics les plus élevés de l'Himalaya. Les monts
d'Œrfel et Leibnitz n'ont donc que 3,800 mètres
d'altitude, si on les compare au Gaurisankar,
la montagne la plus haute du globe, qui s'élève à 8,840 mètres au-dessus du niveau de
l'océan. Le relief du satellite est donc beaucoup
moindre que celui de la planète. Mais si l'on
tient compte de la différence qui existe entre
les diamètres des deux globes, on obtient un
résultat inverse. L'altitude des protubérances

lunaires est relativement beaucoup plus prononcée que celle des protubérances terrestres. De là cette conséquence que les forces souterraines, qui ont soulevé le sol de la lune étaient supérieures en énergie à celles qui ont agi sur notre globe. L'examen des cratères, des cirques et des dépressions appelées mers, conduit à la même conclusion. Tandis que le diamètre de nos cratères ne dépasse pas quelques centaines de mètres, celui des volcans lunaires atteint parfois plusieurs kilomètres. Le cirque de Ceylan, le plus vaste de la terre, n'a qu'un diamètre de 17 à 18 lieues. Celui des cirques Shicardt, Clavius et Grimaldi mesurent plus de 200 kilomètres. Quant aux plaines lunaires, que leurs formes généralement circulaires et les remparts qui les entourent, font considérer comme des cirques d'une époque plus ancienne que les précédents, leurs diamètres se comptent par centaines de lieues.

Pourquoi les forces plutoniques ont-elles soulevé le sol lunaire avec plus d'énergie que le sol terrestre ? Disons d'abord que, suivant toute probabilité, les gaz et les vapeurs, contenus dans les deux globes, varient de nature et de proportion. De là une différence de pression élastique. D'autre part, les résistances que l'action volcanique avait à surmonter, se trouvaient beaucoup moindres sur le satellite que sur la planète. Nous savons, en effet, que la lune ne possède qu'une atmosphère insignifiante, que la pesanteur y est six fois plus faible que chez nous, que la densité du terroir égale à peine les six dixièmes du nôtre. Dans de telles conditions les montagnes lunaires devaient atteindre une hauteur relativement plus grande que celle des montagnes terrestres. Les plus anciennes formations furent les vastes dépressions appelées mers. C'étaient d'immenses cirques entourés de puissantes enceintes écroulées depuis, pour la plupart, sous le travail des siècles et des formations postérieures. Puis vinrent les cirques proprement dits ; leurs diamètres, beaucoup moins étendus que ceux de la période précédente, accusent une diminution d'énergie des forces souterraines. Ce mouvement de recul, se continuant toujours, amena une nouvelle formation, celle des cratères, cirques en miniatures, dont les plus petits ont un diamètre insignifiant. Depuis, l'action plutonienne s'est modifiée dans ses effets. Au lieu de se manifester par des cônes volcaniques, elle n'a produit que des failles appelées rainures, généralement rectilignes ou peu sinueuses qui sillonnent le sol en tout sens. De longueur très variable, elles ont, en moyenne, 1,500 mètres de largeur, et 500 à 600 de profondeur. Leur formation est visiblement postérieure à celle des cratères qu'elles coupent parfois en brisant leurs remparts. La première qui ait été observée, et en même temps la plus remarquable, est celle d'Hyginus, découverte par Schrœter en 1788. Elle traverse dix cratères, et a une étendue de près de 300 kilomètres. Schrœter en reconnut dix autres les années suivantes. Des explorations assidues et l'emploi d'instruments perfectionnés ont porté ce chiffre à près d'un millier. De nombreux faits tendent à démontrer que l'activité volcanique n'est pas encore éteinte sur notre satellite. On a vu maintes fois des points lumineux briller sur le disque obscur, comme des étoiles de 5e ou de 6e grandeur. William Herschel fut témoin, à plusieurs reprises, de ce phénomène, dans le cirque d'Aristarque et l'attribua à un volcan. Les détails qu'il donne à ce sujet paraissent concluants. Hévélius avait aperçu le même point brillant au XVIIe siècle, et il a été revu par Flammarion, les 6 et 7 mai 1867, toujours dans le cirque d'Aristarque. En 1788, Schrœter observa dans les Alpes lunaires, au voisinage du mont Blanc, un volcan qui brilla 15 minutes. M. Grover le revit en 1865. La durée de visibilité fut cette fois de 30 minutes. Si l'on compare les anciennes cartes de la lune avec celles d'aujourd'hui on arrive à la même conclusion. Il est aisé de voir, en effet, que dans certaines régions du disque le relief du sol a subi des modifications sensibles. Le double cratère Messier, décrit minutieusement par Schrœter en 1796, et une trentaine d'années plus tard par Beer et Maedler, offrait alors, dans ses deux parties constitutives, une identité absolue de formes, de dimensions et d'aspect. Aujourd'hui, cette similitude n'existe plus. Le cratère occidental s'est transformé en longueur et en largeur. Des modifications de même ordre ont été observées dans le cirque Linnée, le cirque Platon et ailleurs. Le sol lunaire est donc encore travaillé par les forces souterraines. L'acide carbonique qui se dégage de nos cratères éteints, et les émissions de vapeurs, dont sont accompagnées d'ordinaire les éruptions volcaniques, font présumer qu'il existe dans les dépressions du sol de notre satellite une couche gazeuse de peu d'épaisseur, mais qu'une insolation prolongée peut élever au-dessus du niveau des plus hautes montagnes. Cette atmosphère est si faible qu'elle a longtemps échappé aux investigations des astronomes. On ne remarquait en effet aucun crépuscule sur le disque de la lune, quand il est illuminé en partie, ni aucune réfration lorsqu'une étoile passait derrière lui. Les recherches de l'analyse spectrale étaient également sans résultat. Cependant une discussion approfondie d'un certain nombre d'occultations et de phénomènes crépusculaires a conduit, dans ses dernières années, d'éminents observateurs à admettre l'existence d'une atmosphère lunaire, dont la densité a été comparée à celle de l'air qui reste dans le récipient d'une machine pneumatique, quand on a fait le vide. On n'a trouvé aucune trace de vapeur d'eau dans cette couche gazeuse. La formation de la cellule organique y est donc impossible. Il lui serait d'ailleurs difficile de prendre naissance et de se perpétuer sur un sol qui, pendant quinze jours, est illuminé par les rayons solaires, tandis que, durant le reste de la lunaison, il se trouve exposé aux rigueurs d'une nuit glaciale. Dans la première période, la température s'élève à plus de 100 degrés au-dessus de zéro, et descend dans la seconde à plus de 100 degrés au-dessous. Cette alternance de froid et de chaleur, également excessifs, n'est pas sans influence sur les roches lunaires ; tour à tour dilatées et contractées par une insolation de deux semaines et par une nuit sibérienne de même durée, les cimes des monts se désagrègent et s'effritent. Les fragments roulent sur les pentes abruptes jusqu'aux pieds des escarpements où elles s'entassent comme des amoncellements de ruines qu'il est aisé de reconnaître au télescope. Le sol du satellite tend donc à se niveler comme celui de la planète, mais d'une manière beaucoup plus lente, la plupart des agents atmosphériques, pluies, glaciers, cyclones, etc., lui faisant défaut.

La lune, circulant à une faible distance de la terre, exerce sur cette dernière des effets perturbateurs très marqués, et de diverses natures. Voici les plus remarquables.

Le premier, et le plus anciennement connu, est le phénomène des marées. Sous l'influence attractive de notre satellite, les eaux de l'océan s'élèvent et forment un bourrelet constamment dirigé vers le centre du globe lunaire. La hauteur de la colonne liquide atteint son maximum à l'équateur, et va diminuant jusqu'aux pôles où elle est nulle. Mais le bourrelet reparaît dans l'autre hémisphère, les eaux qui se trouvent sur le même méridien étant moins attirées que les couches voisines, parce qu'elles sont plus éloignées du foyer d'attraction, et plus difficiles à déplacer. La double saillie océanique, suivant le cours apparent de la lune, fait le tour de la terre en 24 heures 50 minutes, se brisant contre les continents qu'elle rencontre sur son passage. Chaque localité maritime est ainsi visitée, tour à tour, par les deux bourrelets liquides qui se succèdent à 12 heures 25 minutes d'intervalle. C'est le flux ou la haute mer, bientôt suivie du reflux, ou de la basse mer. L'attraction solaire amène une autre intumescence analogue à la précédente, mais beaucoup moins accentuée, à raison de l'immense éloignement du grand astre. La hauteur des eaux que soulève le soleil n'est, en effet, que la moitié de celle qui obéit à l'appel de notre satellite. Lorsque les deux astres perturbateurs sont à leur moyenne distance de la terre, la marée lunaire s'élève à l'équateur de 50 centimètres, et la marée solaire de 24 seulement. Aux syzygies (nouvelle et pleine lune), les deux marées, coïncidant et agissant dans le même sens, s'ajoutent, et le bourrelet liquide atteint une hauteur totale de 74 centimètres. Aux quadratures (premier et dernier quartier), se trouvant à angle droit, elles agissent en sens contraire, et la hauteur totale n'est plus que la différence des hauteurs partielles, c'est-à-dire de 26 centimètres. On voit par ces chiffres que l'action lunaire est toujours prépondérante, le soleil ne faisant que modifier son amplitude et avancer ou retarder l'heure de la haute mer, suivant la position qu'il occupe par rapport à la terre et à la lune. Les marées qui ont lieu aux syzygies, produisant le maximum d'effet, ont reçu le nom de grandes marées. Elles sont loin d'être uniformes, leur amplitude s'accroissant à mesure que l'astre du jour et l'astre des nuits s'approchent plus près de notre globe et du plan de l'équateur. Elles atteignent leur maximum aux équinoxes, quand la lune est à son périgée, et leur minimum aux solstices, lorsqu'elle se trouve à son apogée et à sa plus grande déclinaison. Au moment où le flux pénètre dans une manche, et va chercher une issue dans les ports et les rivières qu'il rencontre sur son parcours, sa hauteur se modifie profondément. Le mouvement de propulsion horizontal, brusquement arrêté par le relief des côtes, se transforme en mouvement vertical, et aux époques des grandes marées, le bourrelet liquide dépasse, dans certaines localités, 13 mètres d'altitude. Lorsque le flot s'engage dans un fleuve, il le remonte jusqu'à ce que sa vitesse soit anéantie par celle du courant, par la pesanteur et par le frottement qu'il éprouve au contact du fond et des rives. Aux syzygies équinoxiales, époque des plus hautes marées, on voit une immense colonne liquide courir bruyamment en amont de l'embouchure, avec la rapidité d'un cheval au galop; c'est la *Barre*, que vont admirer les touristes, et qui devient parfois dévastatrice, surtout si les vents du large ajoutent leur impulsion à celle qu'elle possède déjà. Dans les Amazones, l'arrivée du flux s'annonce par un ébranlement qu'on entend de plusieurs lieues. Les indiens désignent ce phénomène sous le nom de *Porororoca*, onomatopée expressive qui rend assez bien un tel bruit. Le relief des côtes modifie l'heure du flux aussi bien que son amplitude. A mesure que le fond de la mer s'élève l'onde rencontre une résistance qui ralentit sa marche, et, si elle s'enfonce dans un canal aux rives irrégulières et tortueuses, la résistance s'accroît de plus en plus. Il s'ensuit que la marée n'a lieu qu'après le passage de la lune au méridien, et le retard varie, comme l'amplitude du flot, avec chaque localité. Ce retard est soigneusement calculé d'avance pour les différents ports, afin de faciliter l'entrée et la sortie des navires.

Le premier astronome qui remarqua l'action de la lune sur les marées fut Posidonius (2ᵉ siècle avant notre ère); cette action était connue des peuples riverains de l'océan, comme nous l'apprend César en parlant de la grande marée, qui compromit sa flottille, lors de sa première descente en Bretagne. Newton rattacha le phénomène des marées à l'attraction du soleil et de la lune, comme conséquence immédiate de la gravitation universelle. Plus tard, Laplace en exposa la théorie complète et détaillée dans la *Mécanique céleste*. Toutefois, ainsi que l'observe

Arago, cette théorie renferme encore des lacunes, car elle ne rend compte qu'imparfaitement du retard qu'éprouve la marée et de la hauteur qu'elle atteint dans nombre de localités d'accès libre, sur les côtes du Pacifique par exemple. Hâtons-nous d'ajouter que les lacunes signalées par le grand astronome sont aujourd'hui comblées. Boucheporn, complétant à son tour l'œuvre de Laplace, a expliqué, par l'analyse mathématique appliquée à la théorie de l'éther, la cause du retard des marées, retard qui, aux syzygies, s'élève dans nos ports à un jour et demi. C'est là une nouvelle preuve de l'existence du fluide impondérable.

Outre les marées océaniques, il existe aussi des marées atmosphériques et des marées souterraines. Les marées atmosphériques ne paraissent pas avoir d'importance dans les résultats, car elles n'exercent aucune action appréciable sur la hauteur de la colonne barométrique. Toutefois, il serait peut-être imprudent de nier complètement leur influence sur les changements de temps, qui accompagnent les diverses phases de la lune. Les marées souterraines, produites par la lave incandescente qui bouillonne sous l'écorce du globe et obéit aussi bien que l'océan et l'atmosphère aux sollicitations du soleil et de la lune, se manifestent par les tremblements de terre. Il est, en effet, démontré, par les savantes recherches de Perrey sur les localités exposées aux secousses souterraines, que ce phénomène atteint son maximum de fréquence et d'intensité aux syzygies et quand la lune est à son périgée.

Les marées ont des conséquences importantes que je vais mentionner sommairement :

1° Elles transforment à la longue le relief des côtes en minant et faisant écrouler les falaises contre lesquelles elles buttent, et en produisant des atterrissements sur d'autres points ;

2° D'après les calculs de Delaunay, le choc des eaux contre les continents augmente la durée de la rotation terrestre d'une seconde par 100,000 ans. Ce retard rend compte d'une partie de l'accélération du mouvement lunaire ;

3° Le choc des eaux de l'océan contre la terre ferme développe une grande quantité de fluide électrique, et c'est là une des sources de l'électricité atmosphérique.

La précession des équinoxes, dont j'ai déjà eu occasion de parler, a pour cause l'action simultanée du soleil et de la lune, non plus sur les eaux de l'océan, mais sur le bourrelet équatorial du globe. Comme dans le phénomène des marées les deux tiers de l'effet produit sont dus à notre satellite et un tiers seulement au soleil.

L'attraction des deux astres imprime au bourrelet équatorial un mouvement rétrograde qui entraîne la masse tout entière. Sous cette influence, la terre exécute une rotation en sens contraire de la rotation diurne dans un intervalle de près de 26,000 ans. Deux conséquences résultent de ce mouvement rétrograde. En premier lieu, la terre revient chaque année à l'équinoxe de printemps, quelques minutes avant qu'elle ait accompli sa révolution sidérale, d'où le nom de *précession des équinoxes*, donné au phénomène ; en second lieu, l'axe terrestre perdant son immobilité se déplace incessamment sur la voûte étoilée, de sorte que l'aspect des constellations se renouvelle périodiquement tous les 26,000 ans. La précession des équinoxes, découverte par Hipparque, fut expliquée au siècle dernier par d'Alambert, à l'aide de l'analyse mathématique.

La nutation, ou balancement de l'axe des pôles, est un second effet de l'action attractive de la lune sur le bourrelet équatorial de la terre. Mais ici notre satellite agit seul, et le soleil n'y prend aucune part. Sous l'influence de la nutation, l'axe terrestre, au lieu de décrire autour du pôle de l'écliptique un cercle régulier en 26,000 ans, trace une courbe sinueuse formée d'une suite continue de petites ellipses, dont le grand axe a une longueur de 18 secondes d'arc, et le petit de 14. Le temps affecté à chaque ellipse est d'environ 18 ans deux tiers. La nutation, découverte par Bradley, en 1747, fut expliquée quelques années plus tard par d'Alambert, en même temps que la précession des équinoxes, dont elle forme en quelque sorte le corollaire.

Jusqu'à ces derniers temps, les astronomes bornaient aux marées, à la précession des équinoxes et à la nutation, les influences que notre satellite exerce sur le globe qu'il escorte, bien que de temps immémorial les personnes qui, par leur état ou leur condition, marins, cultivateurs, physiologistes, se trouvent en rapports incessants avec l'astre des nuits aient remarqué que ses rayons agissent dans une certaine mesure sur les nuages, la végétation et les êtres vivants. Par un sentiment de réserve, qu'on ne saurait blâmer, la science officielle niait systématiquement ces influences, parce qu'elles échappaient à ses investigations les plus minutieuses, et les rengeait dans la liste des préjugés populaires. Son *veto* se résumait ainsi : La lumière de la lune, évaluée d'après les expériences de Wolaston à la 800 millième partie de celle du soleil, est si faible en rayons calorifiques, qu'elle n'exerce aucune action thermométrique sur les instruments les plus délicats des physiciens, quelle que soit la puissance des lentilles et des réflecteurs mis en usage pour la concentrer. Dès lors, elle ne saurait avoir d'effet dans le domaine de la météorologie ou du règne organique. Aujourd'hui, les astronomes se montrent plus circonspects. Déjà, en 1846, Melloni, opérant sous le ciel de Naples avec un thermoscope d'une sensibilité incomparablement plus grande que ceux de ses devanciers, reconnut que les rayons de la pleine lune fortement concentrés faisaient dévier de trois ou quatre degrés l'aiguille de son appareil. Dix ans plus tard, Piazzi-Smyth, expérimentant sur le pic de Ténériffe, constata que la chaleur émise par la pleine lune égale le tiers de celle d'une bougie placée à 4 mètres 57 centimètres de distance. Le résultat eut été encore plus concluant, si Piazzi avait opéré à des altitudes plus élevées, les couches de l'atmosphère absorbant les rayons calorifiques réfléchis par notre satellite d'autant plus fortement qu'elles sont plus denses et plus chargées d'humidité, c'est-à-dire plus voisines du niveau des mers. Il est donc rationnel d'admettre qu'au-dessus de la région où se condensent les vapeurs de l'océan, la lune a assez de force pour volatiliser les molécules aqueuses, pour *manger les nuages*, suivant la pittoresque expression des gens de mer. L'astre des nuits n'est donc pas sans quelque influence sur la météorologie terrestre. En même temps que Melloni démontrait avec son nouvel appareil l'existence des rayons calorifiques dans la lumière réfléchie par la lune, une autre découverte, la photographie, y constatait la présence des rayons chimiques. On sait que la plaque daguérienne est si sensible à l'action lumineuse de notre satellite, qu'on a obtenu, par ce procédé, des cartes dans lesquelles les détails du sol lunaire sont accusés avec une netteté merveilleuse. La végétation étant une série d'actions chimiques, la découverte de Daguerre donne raison du même coup, du moins dans une certaine mesure, aux gens de la campagne qui règlent sur les phases de l'astre des nuits les semailles, la coupe des bois, la couvée des poussins, etc. D'autre part, le système nerveux des animaux pouvant être comparé, comme l'observe judicieusement Arago, à un appareil d'une sensibilité incomparablement plus grande que celle des instruments de physique les plus délicats, ne saurait être insensible à la triple action lumineuse, calorique et chimique des rayons lunaires. Les faits précis consignés dans les ouvrages de médecine, au sujet de maladies qui s'aggravaient ou s'amélioraient, suivant le cours ou le décours de notre satellite, ne peuvent donc être rangés parmi les fables.

Terminons cette esquisse de notre satellite par quelques mots sur les éclipses. Si le plan de l'orbite lunaire coïncidait avec celui de l'orbite terrestre, il y aurait éclipse de soleil chaque fois que notre satellite est en conjonction, et éclipse de lune chaque fois qu'il se trouve en opposition, les centres du soleil de la terre et de la lune étant alors en ligne droite, et le second de ces globes projetant son ombre sur l'autre. Mais ces plans faisant un angle d'environ 5 degrés, ce n'est que quand la lune passe par leur ligne d'intersection, c'est-à-dire par la ligne des nœuds ou au voisinage que les conjonctions et oppositions deviennent écliptiques. Cette circonstance se réalise 70 fois en moyenne dans l'espace de 18 ans 11 jours, et donne 41 éclipses de soleil et 29 de lune. Après cet intervalle, les trois astres se retrouvant dans la même position, les éclipses se reproduisent suivant le même ordre, sauf de légères variantes, dans l'instant, la durée et l'amplitude du phénomène. Le cycle de 18 ans était connu des Chaldéens sous le nom de *saros*, et leur servait à prédire les éclipses de lune.

L'éclipse de soleil peut être partielle, annulaire ou totale. Elle est partielle quand le centre de la lune passe au voisinage de la ligne des nœuds, sans coïncider avec elle. On voit alors se produire, sur le disque solaire, une échancrure dont la durée et les dimensions dépendent de la position que notre satellite occupe par rapport à la ligne des nœuds et au lieu de l'observateur. Quand le centre du globe lunaire passe par la ligne des nœuds, l'éclipse devient annulaire ou totale, suivant que le diamètre apparent de l'astre des nuits se trouve plus petit ou plus grand que le diamètre apparent du soleil, c'est-à-dire suivant que la lune est à son apogée ou à son périgée. Au moment où l'éclipse annulaire atteint son maximum d'effet, on aperçoit un mince filet lumineux entourant le disque obscur de la lune. Dans l'éclipse totale, les ténèbres deviennent complètes, mais seulement pour quelques instants. Sous le parallèle de Paris, leur durée maximum ne dépasse par 6 minutes 10 secondes. A ce moment, on distingue autour du disque obscur de la lune des lueurs roses ou purpurines traversées par des aigrettes de mêmes teintes. Nous avons vu le parti que les astronomes ont su tirer de ce phénomène, depuis l'invention du spectroscope, pour étudier la nature des enveloppes extérieures du soleil, la chromosphère et la couronne. L'éclipse de soleil n'est centrale, c'est-à-dire annulaire ou totale, que pour les localités traversées par l'axe du cône obscur que projette la lune, et reste partielle pour les autres points visités par l'ombre. On s'explique ainsi comment les éclipses centrales sont très rares pour un même endroit.

L'éclipse de lune peut être partielle ou totale. Elle est partielle quand notre satellite ne pénètre qu'en partie dans le cône d'ombre que la terre traîne derrière elle, et totale, lorsqu'il s'y immerge complètement. Quelques instants avant l'éclipse on voit la lumière du disque lunaire s'affaiblir graduellement. C'est qu'il est entré dans la pénombre, et qu'il ne reçoit qu'un faisceau de plus en plus restreint des rayons solaires. Le même phénomène se reproduit en sens inverse à la fin de l'éclipse. Le cycle de 18 ans 11 jours ramenant en moyenne 41 éclipses de soleil et 29 de lune, il semble, à première vue, que pour une même localité, les éclipses de soleil doivent être plus fréquentes que celles de lune. En réalité, c'est le contraire qui a lieu. L'anomalie s'explique sans peine, si l'on considère qu'une éclipse de lune est visible pour toutes les contrées au-dessus desquelles plane l'astre des nuits, c'est-à-dire pour un hémisphère entier, tandis qu'une éclipse de soleil se localise dans la mince zone terrestre qu'atteint l'extrémité du cône d'ombre projeté par la lune. Le maximum des éclipses par année est 7, et le minimum 2. Dans ce dernier cas, elles sont toutes deux de soleil.

On sait que les astronomes calculent d'avance les éclipses, pour un lieu déterminé, en comparant les tables du mouvement du soleil et de la lune. On peut fixer par la même méthode l'époque des éclipses qui ont eu lieu dans les siècles passés. Ce calcul rétrospectif n'est pas sans importance, car il permet de déterminer l'année et le jour d'un événement historique, dont on ne connaît pas la date précise, mais qui a coïncidé avec une éclipse de soleil ou de lune.

Au résumé, la lune présente des caractères nettement marqués qui la différencient complètement des globes planétaires. Le premier est sa forme allongée vers la terre. Le second, que l'analyse mathématique rattache au précédent comme une conséquence immédiate, est que la rotation autour de la ligne des pôles a même durée que la révolution sidérale. Une atmosphère insignifiante, probablement impropre à la respiration, jointe à l'absence de vapeur d'eau, s'oppose à la genèse du tissu organique, et constitue le troisième caractère. Un quatrième se tire de la nature volcanique du sol. Par les marées, la lune modifie journellement le relief de nos côtes. Par les éclipses totales, elle nous a permis de deviner la nature des régions circumsolaires. Enfin, par les rayons lumineux, calorifiques et chimiques qu'elles nous renvoie, elle agit dans une certaine mesure comme facteur de la météorologie et de la vie terrestre.

CHAPITRE VI

CARACTÈRES DE MARS. — SES DIMENSIONS. — SA COULEUR ROUGE. — SES MERS ET SES CONTINENTS. — SES CANAUX. — SES SAISONS. — SES GLACES POLAIRES. — SA FORTE EXCENTRICITÉ.— SA PHASE ORGANIQUE. — LES PETITES PLANÈTES. — LEURS PRINCIPAUX CARACTÈRES.

Mars brille comme une belle étoile rouge de première ou de seconde grandeur, suivant son éloignement par rapport à nous. Son diamètre mesure 1,700 lieues, ce qui suppose un volume près de 7 fois plus petit que celui de notre globe. Sa masse est presque le 10e de celle de la terre, et sa densité les 7 dixièmes. A la surface les corps ne pèsent que les 37 centièmes du poids qu'ils ont chez nous. C'est la plus faible des pesanteurs planétaires. Le grand axe de l'orbite a 112,700,000 lieues de longueur, la distance focale, 10,440,000. Aucune autre des 8 grandes planètes, sauf Mercure, n'offre une excentricité aussi prononcée. Nous verrons bientôt le parti que Képler sut tirer de cette circonstance. L'orbite a une étendue de 350,000,000 de lieues. La durée du parcours étant de 22 mois et demi environ, on conclut que Mars se meut avec une vitesse moyenne de près de 24 kilomètres par seconde. La rotation s'effectue en 24 heures 37 minutes 23 secondes. L'aplatissement polaire peu considérable n'a pas été déterminé jusqu'ici avec précision, les chiffres donnés par divers observateurs offrant une grande discordance. Il est à présumer qu'il ne s'éloigne pas beaucoup de celui de la terre, car si d'un côté une rotation plus lente développe moins de force centrifuge, d'autre part, une densité plus faible favorise la poussée des molécules vers l'équateur.

Le trait le plus saillant de la physionomie de Mars est sa couleur rouge. S'il faut en croire la tradition, c'est à cette particularité que ce globe doit le nom qu'il porte, et qui est emprunté, comme on le sait, au dieu des combats. Lorsqu'on l'examine à la lunette ou au télescope, ont reconnaît que les continents sont seuls colorés, car on distingue aisément les glaces polaires, reconnaissables à leur blancheur, et les mers que dessinent des taches plus ou moins sombres suivant la profondeur des eaux. Qu'elle cause assigner à cette étrange nuance? Quelques astronomes peu versés dans la botanique ont parlé de végétation. Cette hypothèse ne nous paraît pas sérieuse. Le principal facteur de la coloration des plantes étant le soleil, et Mars ne recevant que les 2 cinquièmes environ de la lumière que nous envoie l'astre du jour, la flore de cette planète ne saurait acquérir, même sous les tropiques, des teintes assez vives p r impressionner à une si grande distance notre rétine en rouge ou en orangé. D'autre part, on ne s'explique pas que cette coloration reste constamment uniforme d'un pôle à l'autre, lorsque la robe végétale devrait changer d'aspect suivant les saisons, la différence entre l'été et l'hiver étant beaucoup plus accentuée sur Mars que chez nous. Il est plus naturel, pensons-nous, d'attribuer ce phénomène à la constitution ferrugineuse du sol et à l'oxydation qui s'en est suivie au contact de l'atmosphère. Les terrains ocreux se montrent assez fréquemment à la surface terrestre, et peut-être, ce qui est l'exception pour nos continents, est-ce la règle pour ceux de Mars.

Un autre trait distinctif de Mars est la ressemblance qu'offre sa configuration extérieure avec celle de notre globe. C'est la seule planète dont le sol proprement dit ne se dérobe pas à nos regards, les autres étant presque constamment voilées par une épaisse enveloppe de nuages, et difficiles à observer à raison de leur éloignement. Vénus, il est vrai, n'est qu'à 10,000,000 de lieues quand elle se trouve en conjonction, mais à ce moment, elle ne nous présente que sa face obscure. Au contraire, Mars apparaît illuminé par le soleil chaque fois qu'il arrive en opposition, c'est-à-dire tous les deux ans ; et comme il se rapproche de nous, jusqu'à la distance de 14,000,000 de lieues, il devient facile, à l'aide d'un bon instrument, d'étudier le relief de son disque, pourvu, toutefois, qu'à l'instant de l'observation il ne se produise, dans son atmosphère, ni pluies, ni brouillards. C'est ainsi qu'on n'a pu dessiner des cartes, qui ont une certaine analogie avec nos mappemondes, si non dans les détails du moins dans l'ensemble. A première vue, on est frappé du retrait subi par les eaux. Au lieu de présenter, comme chez nous, une vaste nappe recouvrant plus des trois quarts de la planète, elles forment de petites mers intérieures, généralement peu profondes à en juger par leurs teintes claires, et dont l'étendue totale ne dépasse pas celle des continents. Ce globe à la fois plus petit, et plus éloigné du soleil que le nôtre, s'est refroidi d'une manière beaucoup plus complète, de sorte que la majeure partie de l'élément liquide répandu à la surface a pu s'infiltrer dans le sol. Nous avons vu que le retrait graduel des eaux est une conséquence naturelle du refroidissement et en marque les divers stades. Mercure et Vénus peuvent, à raison de l'immense quantité de vapeur acqueuse, contenue dans leur atmosphère, être considérées comme les premiers termes de cette progression, la lune, aujourd'hui complètement dépourvue de liquide, comme le dernier. La Terre et Mars représentent des chaînons intermédiaires. Les continents de cette dernière planète sont sillonnés par de vastes canaux généralement rectilignes, dont chaque extrémité aboutit à une mer. D'après Schiapparelli, qui en a fait une étude spéciale, ils ont jusqu'à 30 lieues de large, et de 250 à 1,200 de longueur. D'autres canaux parallèles aux premiers, mais peu profonds, ne deviennent visibles qu'à la suite de fortes pluies. On a, en effet, observé que pendant les deux ou trois jours qui précèdent leur apparition, la région qu'ils occupent diparaît sous un voile qu'on ne saurait attribuer qu'à d'épais brouillards. Les failles qui donnent naissance à ces canaux se dirigent suivant des axes de grands cercles, et rappellent les rainures qu'on remarque à la surface lunaire. Il est à présumer qu'elles dérivent de la même cause : l'âge avancé de Mars dans l'échelle du refroidissement.

On trouve un autre caractère de Mars dans la grande excentricité de son orbe. C'est relativement, Mercure excepté, le plus allongé de ceux que décrivent les 8 principales planètes. La distance focale mesure en effet 10,440,000 lieues, c'est-à-dire presque le 10° du grand axe, qui a une longueur de 112,700,000 lieues. Cet élément a joué un rôle capital dans les annales de la science, car il a conduit Képler à poser les fondements de l'astronomie moderne en établissant que les trajectoires des planètes affectent une forme elliptique et non circulaire, comme on l'avait cru jusqu'alors. Le grand scrutateur des cieux prit Mars pour sujet de ses études. Comparant ses observations avec celles de son maître Tycho-Brahé, il cherchait à tracer d'une manière précise la courbe que décrit ce globe dans sa révolution autour du soleil. Si cette courbe se fût approchée du cercle, comme celle de Vénus, par exemple, il est à présumer que sa véritable nature eût échappé aux recherches et à la sagacité de Képler. Mais l'excentricité de Mars était si prononcée que ses hésitations durent cesser devant l'évidence des résultats, et qu'il fut forcé de reconnaître qu'il avait sous les yeux une ellipse, dont le soleil occupe un des foyers. Ce point acquis, il lui devint facile de constater qu'il en est de même des autres planètes.

Mars possède une atmosphère analogue à la nôtre. Le spectroscope y atteste la présence de la vapeur d'eau, preuve irrécusable que les régions blanches avoisinant les pôles sont bien des glaces ou des neiges, que le voile qui, à certains moments, recouvre une portion du disque, provient de brouillards ou de nuages, que les teintes sombres représentent des mers. On n'y connaît pas de hautes montagnes, car les irrégularités qu'on remarque parfois sur les bords de la planète sont mal accusées. D'ailleurs, les vastes canaux qui sillonnent en tout sens sa surface semblent indiquer des plaines plutôt qu'un pays montueux. L'axe de rotation fait un angle de 24 degrés 52 minutes, avec la normale au plan de l'orbite. Cette inclinaison ne s'écartant pas sensiblement de celle de l'axe de la terre, qui est de 23 degrés 27 minutes, il s'ensuit que les saisons sont distribuées à peu près de la même manière sur les deux globes. Mais diverses causes tendent à les rendre très disparates, quant à leurs effets. Je citerai en premier lieu la faible quantité d'eau répandue sur Mars, si on la compare à nos océans. Cette planète étant six fois et demie plus petite que la nôtre, la masse liquide qui l'enveloppait à l'origine se trouvait naturellement réduite dans la même proportion. Nous avons vu, d'autre part, que l'infiltration des eaux dans le sol s'est opérée d'une manière beaucoup plus marquée que chez nous. Si, à ces considérations, on ajoute l'éloignement du soleil, il est aisé de voir que l'évaporation des mers se trouve resserrée dans des limites très étroites. De là des pluies relativement peu abondantes, des neiges beaucoup moins épaisses et moins envahissantes que sous nos latitudes. On s'explique ainsi pourquoi les glaces polaires sont plus étendues et plus persistantes sur la terre que sur Mars, bien que la longueur de l'hiver de cette dernière planète et son éloignement du soleil fissent présumer le contraire. Dans l'hémisphère boréal, les neiges ne dépassent guère le soixantième parallèle, et reculent d'au moins 20 degrés pendant le cours de l'été. Dans l'hémisphère austral, ce mouvement rétrograde est encore plus marqué. Vers la fin de la saison estivale, les glaces n'occupent plus qu'une portion insignifiante des régions polaires. Des mers peu étendues et un soleil lointain amènent une faible évaporation, et par suite de minces couches de neige qu'une insolation médiocre fait disparaître ou reculer. Mais il est à supposer qu'un froid rigoureux sévit tour à tour sur les deux hémisphères, si l'on observe que la chaleur solaire n'y est que les deux cinquièmes environ de celle que nous recevons, que les saisons ont une durée presque double des nôtres, et que la grande excentricité de l'orbite fait que le printemps et l'été réunis comptent 76 jours de plus que l'automne et l'hiver.

Mars a deux satellites d'un si faible volume qu'on ne peut les apercevoir qu'aux moments d'oppositions. Ils ont été découverts en 1877 par Hall, de l'observatoire de Washington. D'après des estimations photométriques, leur diamètre ne dépasserait pas 10 à 12 kilomètres. Le premier, distant de 2,372 lieues, parcourt son orbe en 7 heures 39 minutes ; il brille comme un astre de 10e grandeur, et est par conséquent un peu plus gros que le second, dont l'éclat ne dépasse pas celui d'une étoile de 13e ordre. Ce dernier accomplit sa révolution en 30 heures 18 minutes, à la distance de 5,925 lieues. Des satellites d'une masse si faible ne peuvent exercer qu'une action insignifiante sur les mers et l'atmosphère de la planète ; remarquons que la vitesse de translation du premier est au moins trois fois plus rapide que celle de la rotation de Mars. Il y a là un mouvement d'accélération qui rappelle celui que nous avons constaté dans la marche séculaire de la lune, et que nous retrouverons dans les anneaux intérieurs de Saturne. Il est à présumer que tous trois doivent être rapportés à la même cause.

Au résumé, Mars peut être considérée comme la plus intéressante des planètes de notre système. Sa grande excentricité dévoila à Képler le secret des orbes célestes. Quelques années plus tard, l'étude de ses oppositions fit connaître, pour la parallaxe du soleil, la première valeur qui ait été déterminée, et l'on sait aujourd'hui que les résultats acquis par cette méthode sont plus précis que ceux qu'ont donné les passages de Vénus ; sa configuration géographique nous apprend ce que sera la terre dans le cours des âges, lorsque les eaux ayant baissé de quelques dizaines ou de quelques centaines de mètres, le grand océan ne présentera plus qu'une suite de mers intérieures que circonscriront les archipels transformés alors en continents. Quant à son évolution organique, il est à présumer que les espèces terrestres sont rares sur ce sol ocreux, impropre comme on sait à la végétation, sous un soleil peu ardent qu'achève d'attiédir un long et rigoureux hiver. Mais rien ne s'oppose à l'essor d'une faune aquatique très différente, suivant toute probabilité, de la nôtre, si non pour le plan général de l'organisation, du moins pour les détails de structure, et en premier lieu pour le volume, le diamètre des formes vivantes étant, aussi bien que celui des formes minérales, en rapport avec les dimensions du milieu dans lequel elles prennent naissance. On peut donc avancer que Mars se trouvant la plus petite des principales planètes après Mercure, dont la haute température a empêché jusqu'ici la formation des tissus organisés, ces espèces sont les plus petites de toutes celles qui peuplent, à l'heure qu'il est, les globes du cortège solaire.

Au delà de l'orbite de Mars se trouve le groupe des petites planètes. L'historique de leur découverte n'est pas sans intérêt. La première, Cérès, ouvre la date des conquêtes astronomiques du siècle, car elle fut aperçue le 1er janvier 1801. Piazzi observait, à Palerme, un groupe d'étoiles situées dans la constellation du Taureau, lorsqu'il en remarqua une qu'il n'avait pas vue le jour précédent. Le lendemain et les jours suivants, elle avait changé de place. Son mouvement, d'abord rétrograde, s'arrêta, puis devint direct. Le nouvel astre offrait un diamètre sensible, sans queue ni chevelure. On ne pouvait donc se méprendre sur sa nature. Mais l'astronome sicilien, imbu, lui aussi, des préjugés de l'époque, renouvela la méprise dont William Herschel avait été dupe vingt ans auparavant, au sujet d'Uranus, et annonça qu'il venait de découvrir une comète. Cependant, Bode, le savant directeur de l'observatoire de Berlin, ne s'y trompa point. Il avait été frappé de la progression établie par Titius sur les distances des planètes par rapport au soleil, et il attribuait à cette loi la certitude d'une vérité mathématique depuis qu'Uranus était venu se placer, pour ainsi dire de lui-même, au 8ᵉ terme de la série. Le 5ᵉ terme, représenté par le chiffre 28 et situé entre Mars et Jupiter, était vide. Bode et ses partisans n'hésitèrent pas à déclarer qu'une planète inconnue circulait dans cette région et calculèrent d'avance la durée de sa révolution, qui fut trouvée de quatre ans neuf mois. Or, Cérès parcourait son orbe dans quatre ans neuf mois et un tiers. De plus, elle se trouvait presque exactement à la distance 28. Evidemment, c'était la planète de Titius, et le vide entre Mars et Jupiter se trouvait comblé. Ce ne fut donc pas sans une certaine surprise qu'on apprit l'année suivante qu'un astronome de Brême, Olbers, avait découvert une seconde petite planète dans la nuit du 28 mars. Inutile d'ajouter qu'Olbers, suivant, lui aussi, la tradition de ses devanciers, crut d'abord avoir mis la main sur une comète. Le nouvel astéroïde reçut le nom de Pallas. Il offrait les plus grandes analogies avec Cérès par son volume, sa distance au soleil et la durée de sa révolution. Cette découverte donna à réfléchir, et nombre d'observateurs se proposèrent d'explorer attentivement la région du zodiaque, pensant y rencontrer d'autres petites planètes. Mais les résultats furent loin de répondre à leurs espérances. On n'aperçut que deux nouveaux astéroïdes, Junon et Vesta, signalés, le premier par Harding en 1804, le second par Olbers en 1807. Les cartes célestes que l'on possédait à cette époque étaient trop incomplètes pour que de telles recherches devinssent fructueuses. Déçus dans leur attente, les astronomes avaient fini par se désintéresser de cette question, lorsqu'une découverte inattendue vint la remettre sur le tapis. Un riche Berlinois, M. Henck, qui consacrait ses loisirs à l'étude des astres, découvrit coup sur coup deux nouveaux planétoïdes, le premier en 1845 et le second en 1847. Cette même année, Hind en aperçut deux autres en Angleterre. L'attention des observateurs se porta de nouveau sur la région située entre Mars et Jupiter, et de tous côtés, en Amérique comme en Europe, cette zone fut explorée avec le plus grand soin. Cette fois les recherches ne pouvaient manquer d'être fructueuses, car les catalogues d'étoiles avaient été revisés, et on possédait depuis quelques années d'excellentes cartes célestes. Aussi, à partir de 1847, les découvertes se succédèrent-elles sans interruption. Un simple amateur, Goldschmidt, qui n'avait pour observatoire que son atelier de peinture et pour instrument d'optique qu'une petite lunette, en aperçut à lui seul quatorze dans l'espace d'une dizaine d'années, sous l'atmosphère brumeuse de Paris. Le ciel transparent de la Provence se prêtant beaucoup mieux que celui de la vallée de la Seine aux observations astronomiques, ce fut de ce côté que Le Verrier dirigea principalement la recherche des petites planètes. C'est en effet l'observatoire de Marseille qui a cueilli en France la plus riche moisson de ces astéroïdes. Leur nombre atteignait 252 au 1er janvier 1886, et il est à présumer qu'il s'enrichira encore. Les plus volumineux sont probablement connus, mais on ne saurait en dire autant de ceux qui, par leur exiguïté, peuvent échapper aux regards des explorateurs. S'il est difficile de se faire une idée même approchée du nombre des unités qui composent ce groupe, il devient plus aisé de se rendre compte de la somme de leurs masses, par l'étude des perturbations qu'elles exercent sur Mars. D'après les calculs de Le Verrier, le maximum de cette somme peut être évalué au tiers de la masse de la terre. Leur volume est très variable. Vesta, la plus importante du groupe, qui apparaît comme une étoile de sixième grandeur, a une centaine de lieues de diamètre. C'est la seule qui soit visible à l'œil nu. Puis viennent, dans l'ordre des dimensions, Cérès, Pallas et Junon. Le diamètre de cette dernière n'est que la moitié de celui de Vesta. Les plus petites n'ont qu'un rayon de quelques kilomètres seulément. Peut-être en existe-t-il de moindres.

Pendant qu'on ne connaissait encore que les trois premières petites planètes, Cérès, Pallas et Junon, Olbers, remarquant que les orbites de ces astéroïdes se croisent dans la constellation de la Vierge, émit l'opinion qu'ils étaient les fragments d'une planète unique brisée par le choc d'un autre globe, ou à la suite d'une explosion. Ce que je viens de dire sur la masse du groupe entier fait présumer que cette planète mère aurait été plus petite que la terre et plus grande que Mars. Mais l'hypothèse d'Olbers est aujourd'hui généralement abandonnée, bien que l'aspect irrégulier et polyédrique, que présentent nombre de planétoïdes, donne à cette manière de voir un certain degré de probabilité.

On n'a pu déterminer jusqu'ici ni la durée des rotations, ni l'inclinaison des axes. Le spectroscope a constaté des traces d'atmosphère à la surface des quatre principales planètes : Vesta, Cérès, Pallas et Junon. Il est, dès lors, à présumer qu'une légère enveloppe gazeuse recouvre les autres, du moins la plupart. Ces petits globules sont disséminés sur une zone de plus de 67,000,000 de lieues. Le plus rapproché du soleil est le 149e, Meduse, découvert en 1875, le plus éloigné est le 153e, Hilda, aperçu la même année. Loin d'être distribués d'une manière régulière, sur cet immense espace, ils offrent une suite d'amoncellements et de lacunes qu'on a comparés au système des anneaux et des satellites de Saturne. Deux traits caractérisent les planétoïdes non moins que leurs petits volumes et le mode d'espacement. Nombre d'entre eux ont des orbites si inclinées, par rapport à celle de notre globe, qu'ils sortent du zodiaque. Tel est Pallas, qui fait un angle de 34 degrés avec le plan de l'écliptique. D'autres décrivent des trajectoires si allongées, par suite de leur forte excentricité, qu'on les prendrait à première vue pour des trajectoires cométaires. Le 132ᵉ de ces astéroïdes, *OEthra*, a un orbe si accentué, à cet égard, qu'il atteint celui de Mars, et que les deux planètes se rencontreraient peut-être un jour, si les plans des trajectoires n'étaient fortement inclinés. Telle est dans l'ensemble, la physionomie du groupe des planétoïdes.

CHAPITRE VII

MONDE DE JUPITER. — SES CRACTÈRES DÉCOULENT DE L'ÉNORME MASSE DE LA PLANÈTE ET DE LA FORCE VIVE QUI L'ANIME. — ÉTAT THERMIQUE DU GLOBE JOVIEN. — SA TACHE ROUGE. — SES SATELLITES. — SES SAISONS. — SA MÉTÉOROLOGIE. — STADE QU'IL PARCOURT EN CE MOMENT.

On sait que l'école pythagoricienne résumait sa doctrine sur la structure de l'Univers, dans cet axiome : *Omnia reguntur numero, pondere et mensura*, tout est régi avec nombre, poids et mesure. Elle dirait aujourd'hui : *Omnia reguntur mole et motu*, tout est régi par la masse des corps et par la vitesse qui les anime. La planète Jupiter nous offre un frappant exemple de cette loi. Les traits principaux de sa physionomie se présentent en effet comme des conséquences immédiates de l'énorme quantité de matière qu'elle contient, et de la force vive condensée dans ses molécules. Disons d'abord qu'elle a un diamètre onze fois plus étendu que celui de la terre, un volume 1,234 fois plus grand, une masse 310 fois plus considérable. C'est le plus colossal des globes qui composent le cortège solaire. Il brille comme une étoile de première grandeur, et atteint parfois l'éclat de Vénus. Sa densité surpasse à peine celle de l'eau. Sa pesanteur à la surface est deux fois et demie plus intense que chez nous. Le rayon de son orbite, c'est-à-dire sa distance au soleil, a une longeur moyenne de 192 millions 500,000 lieues. Sa révolution autour du grand astre s'effectue en onze ans, dix mois et dix-sept jours. Ce qui donne une vitesse moyenne de douze mille 600 mètres par seconde.

Un des caractères de Jupiter est la rapidité de son mouvement giratoire. Il tourne autour ue l'axe des pôles en 9 heures 55 minutes 35 secondes, d'après le déplacement des taches qu'on remarque à sa surface, notamment de la tache rouge dont je parlerai plus loin. Aucune autre planète ne possède une vitesse de rotation aussi considérable. Pour s'en rendre compte, reportons-nous à l'époque où se détacha de la nébuleuse solaire la zone équatoriale qui, en se disloquant et se pelotonnant sur elle-même, donna naissance au colosse jovien. Une grande quantité de mouvement animait cette immense zone, et le globe qui allait en sortir, lui empruntant son énergie rotatoire, devait acquérir une force vive en rapport avec la masse génératrice. De cette giration rapide découlent deux conséquences : la première est l'existence de vents alizés d'une violence extrême et, par suite, d'une météorologie très tourmentée, qui, suivant toute apparence, rend une grande partie des continents de la planète inaccessible aux êtres organisés. La seconde est une action centrifuge très considérable, développée par le mouvement rotatoire. Il en résulte une forte dépression des régions polaires et un renflement non moins remarquable de la zone équatoriale. L'aplatissement est le dix-septième du diamètre du globe, ce qui donne une différence de quatre mille kilomètres entre le rayon du pôle et celui de l'équateur. Aucune autre terre de la famille solaire, sauf Saturne, ne présente une dépression aussi accentuée.

Un autre trait distinctif de Jupiter est son peu d'inclinaison par rapport au plan de l'orbite. Dans chaque planète, l'axe de rotation qui, en principe, devrait être perpendiculaire au plan de la trajectoire qu'elle décrit est fortement dévié, ce qui amène la différence des jours et des nuits ainsi que des saisons. Par une exception unique, Jupiter échappe à cette loi, car la ligne des pôles ne s'écarte que de trois degrés de la perpendiculaire au plan de l'orbite. Quelle cause assigner à un tel privilège ? On ne saurait l'attribuer qu'aux dimensions colossales du globe jovien. Son énorme masse n'a été qu'effleurée par les influences perturbatrices qui ont incliné l'axe des autres planètes. Il s'ensuit que sur ce monde géant les jours, les nuits et les saisons présentent une uniformité inconnue partout ailleurs. La zone équatoriale n'a que 6 degrés de largeur, et les calottes polaires se réduisent à de petits cercles de 3 degrés de rayon. Les zones tempérées occupent donc la presque totalité de la surface de Jupiter, et les saisons y seraient un printemps ou un automne perpétuels, si trois circonstances n'en modifiaient la physionomie : l'éloignement du soleil, la durée de l'année jovienne, 12 fois plus longue que la nôtre, et une météorologie des plus tourmentées, sur laquelle je reviendrai bientôt.

Je citerai comme troisième caractéristique de ce globe géant son action troublante sur les mouvements des corps célestes qui font cortège à notre étoile. On pourrait l'appeler le grand perturbateur du monde solaire. Nous avons vu que la planète portant le numéro 28 de l'échelle de Titius, et par conséquent la plus voisine de Jupiter, n'avait pu prendre naissance, l'influence attractive du colosse émiettant le bourrelet générateur au fur et à mesure qu'il se dessinait, et substituant au globe en voie de formation un groupe d'astéroïdes. On a vu aussi que toutes les planètes, s'attirant les unes les autres, modifient à chaque instant le tracé de leurs orbites pour obéir à ces sollicitations réciproques. Les inflexions qui en résultent sont toutefois insignifiantes quand le centre d'attraction a peu de puissance ou se trouve suffisamment éloigné. Seul, Jupiter semble braver cette loi, tant il agit avec énergie à des distances considérables. L'analyse mathématique démontre, en effet, qu'aucun globe de notre système n'échappe à son influence perturbatrice, et qu'elle est presque toujours prépondérante, malgré l'éloignement, quand on la compare à celle des autres planètes. L'étude des comètes nous offre un autre exemple du rôle capital qui est dévolu au colosse jovien dans l'économie du monde solaire. On sait que ces nébulosités errantes sont déviées de leur route quand elles passent au voisinage d'une grosse planète, que leur vitesse se modifie du même coup, et que si elle est suffisamment ralentie, l'astre chevelu devient périodique. Or, sur douze de ces corps célestes, dont le retour a été constaté, neuf doivent, suivant toute probabilité, leur entrée dans notre système à l'action de Jupiter, qu'on pourrait ainsi appeler à juste titre le grand pourvoyeur de comètes.

Un quatrième trait de la physionomie de Jupiter est le cortège qu'il traîne à sa suite. Il se compose de quatre satellites dont les dimensions sont en rapport avec celles du colosse qui leur donna naissance. Le troisième, Ganymède, est une véritable planète, car il atteint presque le volume de Mars, et dépasse celui de Mercure. A l'exception de Titan, qui appartient au monde de Saturne, aucun des petits globes faisant partie de notre système n'égale en importance ceux qui circulent autour de Jupiter. Moins rapproché de lui que la lune ne l'est de la terre, leur puissance attractive serait inférieure à celle de notre pâle voisine, s'ils ne rachetaient ce désavantage d'un côté par leur masse, de l'autre par la rapidité des mouvements. Il est, dès lors, aisé de voir que leur action sur le globe jovien : marées océaniques, marées souterraines, marées atmosphériques, dégagement du fluide électrique, etc., est autrement marquée que celle qu'exerce notre satellite sur le sphéroïde terrestre. Une autre circonstance, l'extrême vitesse de rotation du colosse, amène des résultats encore plus sensibles, je veux dire plus dévastateurs. Ce mouvement giratoire, s'effectuant en moins de 10 heures, suppose une marée par satellite, toutes les 6 heures environ en moyenne, ce qui donne, pour l'ensemble, une marée par intervalle moyen de 1 heure et demie. Le sol et l'atmosphère de la planète, se trouvant ainsi travaillés sans relâche, offrent un milieu des plus tourmentés, et lorsque les quatre globes perturbateurs agissent simultanément, je veux dire sur le même méridien et à la même heure, les effets qu'ils amènent doivent atteindre une puissance de destruction incalculable. Dans un tel état de choses, il n'est guère probable que la vie puisse se manifester, sauf peut-être au fond des océans et au voisinage des pôles, régions moins accessibles aux influences satellitaires.

Le dernier caractère de Jupiter, et en même temps le plus inattendu, est l'énorme quantité de calorique que contient encore sa masse. Pendant longtemps on a cru que, par son âge et son éloignement du soleil, le sol de ce globe était envahi par le froid et par conséquent privé de toute vie. D'autres, allant plus loin, le supposaient glacé jusque dans son centre. L'étude attentive de la surface a démontré qu'elle est, au contraire, le siège de phénomènes météorologiques d'une puissance incalculable, si on les compare à ceux qui se produisent autour de nous. Le disque jovien est, en effet, sillonné de bandes parallèles, blanches ou sombres, dont la plus remarquable par son éclat et son étendue occupe une large zone coupée par l'équateur. On ne saurait les attribuer qu'à des nuages flottant dans une vaste atmosphère et réfléchissant la lumière du soleil. Cette manière de voir est confirmée par l'analyse spectrale qui y découvre des gaz et des vapeurs absorbantes rappelant, par leur composition chimique, l'enveloppe fluide que nous respirons. Les bandes sont loin d'être stables. On les voit se déchirer, et les fragments courir avec des vitesses qui atteignent parfois 40 à 50 kilomètres par seconde, c'est-à-dire mille fois supérieure à celle de nos vents les plus impétueux. Une météorologie qui produit des effets d'une telle puissance ne saurait emprunter sa force vive aux rayons solaires, 27 fois plus faibles que chez nous, même en admettant que l'atmosphère jovienne, plus étendue que la nôtre, plus dense et plus chargée de vapeur d'eau, retient mieux le calorique qu'elle reçoit pendant le jour, et que lui soutire le rayonnement nocturne. C'est donc dans le feu central de la planète qu'il faut chercher cette force vive. Divers observateurs, parmi lesquels je citerai Boucheporn, avaient remarqué que Jupiter renvoie une quantité de lumière plus grande que celle que lui assigne le calcul, quand on tient compte des dimensions de sa surface et de sa distance au soleil. Cet excès de lumière, qu'on a appelé la lumière propre de Jupiter, faisait conjecturer que les couches extérieures de ce globe possèdent une température assez élevée. Une circonstance fortuite est venue, dans ces dernières années, confirmer ces prévisions. Vers le milieu de 1878, on remarquait une énorme tache allongée, en voie de formation sur le disque jovien, par 25 degrés de latitude australe. Elle ne tarda pas à se colorer et devint bientôt d'un rouge brique très marqué. Sa longueur était de 11,500 lieues, sa largeur de 3,500. Elle resta visible pendant 5 ans et s'effaça insensiblement dans les derniers mois de 1883. L'analyse spectrale constata qu'elle dégageait de la chaleur et de la lumière. L'énorme tache rouge était donc un continent en ignition qui vaporisait les nuages planant au-dessus et mettait à découvert une partie de la surface du disque.

Le sol de la colossale planète, loin d'être refroidi, comme celui de Mars et de la terre, participe encore de la haute température de la masse centrale, dont il n'est séparé que par une couche d'une mince épaisseur. Deux circonstances rendent compte de ce phénomène : l'énorme quantité de calorique accumulé dans l'intérieur de ce globe géant, qui réchauffe la surface à mesure qu'elle se refroidit, et une épaisse enveloppe de gaz et de vapeurs servant d'écran contre le rayonnement nocturne. La haute température du sol a pour conséquence une immense évaporation de l'eau des mers et un dégagement non moins considérable de fluide électrique. De là, les vastes zones de nuages qu'on voit flotter dans l'atmosphère, et qui nous cachent la surface de la planète. De là encore, une météorologie d'autant plus violente dans ses effets qu'il faut tenir compte de l'énergie des alizés et des perturbations satellitaires. Ces considérations font présumer que, suivant toute apparence, Jupiter n'est pas encore sorti de la période azoïque. Quand la température du sol sera descendue à 60 degrés environ du thermomètre centigrade, la vie ébauchera ses premières formes. Bientôt les mers se peupleront d'une puissante faune aquatique, car tout est colossal sur la titanique planète. Mais la faune terrestre sera probablement arrêtée dans son expansion sur une partie des continents. Même, lorsque, par suite du refroidissement, les phénomènes météorologiques seront rentrés dans des limites normales, les alizés et les satellites n'en continueront pas moins leur action dévastatrice, d'autant plus intense qu'on approche plus près de la zone équatoriale, et il est à présumer que les êtres organisés ne pourront évoluer librement que dans les régions qui avoisinent les pôles.

Revenons aux satellites. W. Herschel reconnut que le 4me exécute une rotation autour de son axe, en même temps qu'il décrit son orbite, ce qui indique qu'il présente constamment la même face à Jupiter, et qu'il s'est allongé sensiblement vers lui, à l'époque où ses molécules encore fluides ou pâteuses pouvaient obéir aux sollicitations de la force attractive. Ce fait doit être généralisé et étendu aux trois autres membres du cortège jovien, car, ainsi que l'observe Laplace, la formation de ces globes s'étant produite dans des circonstances analogues à celles de la lune, ils doivent présenter, dans la nature de leurs mouvements, les mêmes caractères que notre satellite. D'après Flammarion, qui a étudié assidûment l'état de leur surface, cette dernière offre de fréquents changements d'aspect, qu'on ne peut expliquer que par le va-et-vient de nuages flottant dans une atmosphère. On conclut de là que ces petits mondes possèdent des mers et que la vie peut s'y manifester. Ajoutons qu'ils ont acquis une certaine célébrité dans les annales de l'astronomie. En 1770, la comète de Lexel passa au milieu d'eux, sans amener aucune perturbation dans leurs mouvements. On en tira cette conséquence que l'action attractive des nébulosités errantes est insignifiante, ce qui revient à dire que leur masse est presque nulle. Un siècle auparavant, Rœmer, étudiant les éclipses du 3me satellite, remarqua qu'il existait parfois des retards dans le retour périodique de ces phénomènes. Il comprit que ces retards provenaient de la distance plus ou moins grande qu'avaient à parcourir les rayons lumineux, suivant la position qu'occupait Jupiter par rapport à nous, et en déduisit un ingénieux procédé pour déterminer la vitesse de la lumière. Les éclipses des satellites joviens étant fréquentes et faciles à observer sont d'une grande importance pour la navigation. Quand une d'elles doit avoir lieu, les marins n'ont qu'à noter l'instant précis où elle se produit et à le comparer avec celui qui est donné à l'avance dans la *connaissance des temps* pour le méridien de Paris. La différence d'heure leur fait connaître immédiatement leur position en longitude.

Pour résumer d'un mot cette esquisse de Jupiter, je dirai qu'il forme la transition entre le globe planétaire et le globe solaire, car il tient à la fois de l'un et de l'autre. S'il se rattache aux planètes par la plupart de ses caractères, il se rapproche du grand foyer d'attraction et de lumière par ses dimensions colossales, son action perturbatrice sur tous les corps de notre système, et par l'énorme quantité de calorique qu'il possède encore. On peut, croyons-nous, aller plus loin, et avancer que Jupiter a plus d'affinités avec le soleil qu'avec les planètes. S'il est vrai, comme l'assurent certains observateurs, qu'il a une lumière propre, et si sa tache rouge est le reflet d'un continent en ignition, ce globe étrange représente, à vrai dire, une étoile périodique parvenue au dernier terme de son existence stellaire.

CHAPITRE VIII

MONDE DE SATURNE. — CARACTÈRES DE CE GLOBE. — ILS OFFRENT LES PLUS GRANDES ANALOGIES AVEC CEUX DE JUPITER. — SES SATELLITES. — SON ANNEAU. — SES SAISONS. — SA MÉTÉOROLOGIE. — SON STADE ORGANIQUE.

On peut répéter du monde de Saturne ce que j'ai dit du monde de Jupiter. Tous les traits de sa physionomie soumis à l'analyse se présentent comme conséquences naturelles de son énorme volume et de la force vive qui anime ses molécules. Aussi remarque-t-on la plus grande analogie entre les deux colosses. Le globe saturnien, 720 fois plus gros que le globe terrestre, pèse 92 fois plus que ce dernier, ce qui revient à dire qu'il a une masse 92 fois plus considérable. Son diamètre moyen, près de dix fois plus grand que celui de notre planète, mesure 29,000 lieues. On évalue sa densité à 0,128 ; c'est la plus faible de tout le système planétaire. Les éléments de son orbite sont représentés par les nombres suivants :

Rayon moyen ou distance moyenne de Saturne au soleil, 352,500,000 lieues.

Grand axe, 705,000,000.

Distance focale, 40,000,000.

Longueur de l'orbite, 2,215,000,000.

Vitesse de translation, 9 kilomètres et demi par seconde.

Un des premiers traits de Saturne est l'aplatissement extraordinaire qu'offre son disque. Il atteint le dixième du diamètre de la planète et surpasse celui de Jupiter, bien que ce dernier globe l'emporte sur le premier en vitesse giratoire et, par suite, en énergie centrifuge. Saturne met en effet 10 heures 14 minutes 24 secondes pour tourner sur lui-même, tandis que le colosse Jovien accomplit sa rotation en 9 heures 55 minutes 35 secondes. Il semble donc que le plus fort aplatissement dût revenir à ce dernier. Mais l'anomalie disparaît, si l'on tient compte des différences qui existent dans la constitution physique des deux planètes. La densité de Saturne étant plus faible que celle de Jupiter offre une moindre résistance à l'action centrifuge. Dès lors on conçoit qu'à l'époque où les molécules de ce globe étaient fluides elles aient facilement déserté le voisinage des pôles, pour se porter vers les régions équatoriales. L'aplatissement a été si considérable que la pesanteur, qui aux latitudes polaires surpasse celle de la terre, diminue d'une manière sensible à mesure qu'on avance vers l'équateur et devient plus faible que cette dernière.

Saturne présente une autre particularité qui lui est propre. C'est son brillant cortège de satellites. Bien qu'ils participent généralement des proportions de la planète mère, que l'un d'eux, Titan, soit plus gros que Mars, que le volume de Japet égale presque celui de Mercure, l'éclat qu'ils projettent est si faible, par suite de leur immense éloignement du soleil, qu'il a fallu deux siècles d'observations pour les distinguer et dresser leur liste. Titan fut découvert par Huyghens en 1655, et ce n'est qu'en 1848 que Lassell aperçut le plus petit, Hypérion. Les autres ont été successivement découverts par Cassini et W. Herschel. Leur nombre s'élève aujourd'hui à 8. Ce chiffre est-il définitif ? Il serait téméraire de se prononcer, car la découverte récente et inattendue des deux satellites de Mars doit nous mettre en garde contre les surprises que nous réserve le perfectionnement des instruments d'optique. Ces huit satellites sont disposés autour du globe central, suivant une loi numérique rappelant, d'après Boucheporn, celle qui régit la distribution des planètes autour du soleil. Le premier, c'est-à-dire le plus rapproché de Saturne, Mimas, ne s'en écarte en moyenne que de 36,350 lieues et décrit un orbe d'environ 222,000 lieues de longueur en 22 heures ; le plus éloigné, Japet, distant de près de 1,000,000 de lieues, parcourt en 79 jours une trajectoire d'à peu près 6,000,000 de lieues d'étendue. Le monde saturnien occupe donc un espace dont le diamètre atteint presque 2,000,000 de lieues. Les marées incessantes qu'amènent, d'une part, l'extrême rapidité du mouvement giratoire de la planète, de l'autre, son nombreux cortège d'anneaux et de satellites, produisent sur ces continents des effets perturbateurs d'une puissance incalculable, dépassant peut-être ceux qu'on observe à la surface de Jupiter. Lorsqu'on compare ces deux mondes étranges, on est frappé d'une anomalie; il semble, en effet, que le colosse jovien, ayant le pas sur Saturne par ses dimensions, doive l'emporter également par le nombre et le diamètre de ses satellites. Or, c'est le contraire qu'on observe. Quatre compagnons seulement font escorte au géant planétaire, et le plus important, Ganymède, est inférieur en volume à Titan, qui appartient au groupe saturnien. Les considérations que j'ai exposées, au sujet de l'aplatissement des deux globes rivaux, rendent compte de cette contradiction. La force centrifuge développée par le mouvement giratoire de Saturne, éprouvant une moindre résistance de la part de la densité inférieure à celle de Jupiter, a pu détacher de l'équateur de la planète des anneaux plus nombreux et parfois plus larges que ceux du système jovien.

La particularité la plus curieuse que présente le monde de Saturne est, sans conteste, l'anneau ou plutôt les anneaux qui circulent, autour de la planète, et nous cachent une partie de ses régions équatoriales. Ce singulier appendice exerce depuis près de trois siècles la sagacité des astronomes, et cependant, il faut bien l'avouer, nous sommes encore loin d'avoir le dernier mot de l'énigme. Sa découverte remonte à l'année 1610, c'est-à-dire à la lunette de Galilée. Mais le grand observateur ne put deviner la nature du phénomène qu'il avait sous les yeux. N'apercevant que les extrémités de l'anneau qui font saillie des deux côtés du globe central, il crut distinguer deux petits satellites faisant escorte à Saturne, et le suivant dans tous ses mouvements. Ces recherches postérieures obscurcirent le problème au lieu de l'éclairer. L'époque ne se prêtait guère à une observation si délicate, car, par suite de l'inclinaison de l'anneau, sa surface diminue par intervalles périodiques et finit par se réduire à un simple filet. C'est ce qui arriva à Galilée. Déconcerté, il se crut le jouet d'une illusion d'optique, et mourut sans se douter de l'importance de sa découverte. Ce ne fut qu'en 1659 qu'Huyghens comprit la nature du prodige. Il reconnut à la fois la présence d'une masse annulaire autour de Saturne, son inclinaison et la distance qui la sépare de la planète. De même que pour les satellites, ce n'a été qu'après deux siècles d'observations assidues qu'on a reconnu toute l'étendue de l'anneau, ainsi que ses subdivisions, car il est loin d'être homogène, et sa partie intérieure n'est connue que depuis 1838, époque à laquelle il fut aperçu pour la première fois à Berlin, par Galle. Cet anneau intérieur est obscur et transparent, car on aperçoit la planète à travers son épaisseur. En 1675, Cassini remarqua que l'anneau découvert par Huyghens portait sur toute sa longueur une ligne noire, c'est-à-dire un intervalle qui le partageait en deux sections, d'éclat différent. Il compara celui de l'anneau extérieur au reflet de l'argent bruni, et la teinte de l'anneau central à celle de l'argent mat. Cette observation a été confirmée depuis. Dans ces dernières années, on a signalé de nouvelles lignes noires, et par conséquent de nouvelles divisions dans les anneaux de Cassini, et il est à présumer que ces subdivisions augmenteront encore avec les progrès de l'optique.

Au résumé, l'anneau de Saturne, considéré dans son ensemble, comprend trois zones concentriques distinctes, d'inégales surfaces : l'extérieur qui possède un certain éclat ; la centrale plus large, plus lumineuse et séparée de la première par un intervalle d'environ 700 lieues ; l'intérieur transparente et obscure ; elle passe à la précédente par degrés insensibles, de sorte qu'il est parfois difficile de distinguer la ligne de séparation. Le diamètre extérieur du système mesure 71,000 lieues, le diamètre intérieur 41,000. On en conclut que l'anneau a une largeur totale d'environ 15,000 lieues, et que l'espace compris entre son bord intérieur et la planète est à peu près le tiers de ce chiffre. L'épaisseur paraît être de 15 à 18 lieues. On peut la comparer à un assemblage de roues superposées tournant de l'Ouest à l'Est comme les satellites, dans le plan de l'équateur saturnien avec une rapidité d'autant plus grande qu'elles sont plus voisines du globe central. Ce dernier étant assez fortement incliné sur le plan de son orbite nous présente successivement, dans le cours de sa révolution autour du soleil, ces deux hémisphères et par suite les diverses faces du système annulaire qui lui est soudé. La révolution de Saturne s'accomplissant en 29 ans et demi, pendant la moitié de cette période l'astre du jour illumine un hémisphère et un des côtés de l'arche titanique qui semble flotter au-dessus de l'équateur de la planète. Il est alors facile de la distinguer. Elle apparaît comme un arc d'ellipse, dont la largeur varie suivant son inclinaison par rapport à notre rayon visuel. Quand le soleil passe d'un hémisphère à l'autre, nous n'apercevons plus que la tranche qui, a raison de sa faible épaisseur, devient invisible, sauf dans les instruments d'une grande puissance. Ceux-ci nous la montrent dessinant une ligne brillante, qui déborde des deux côtés du disque, puis le second hémisphère s'illumine à son tour, et projette vers nous l'autre face de l'anneau. L'origine de ce singulier appendice est généralement attribuée à une zone de matière cosmique, détachée jadis de Saturne dans le plan de l'équateur, et destinée à former un neuvième satellite, si une grande homogénéité dans sa constitution physique, la rapidité de son mouvement giratoire, et probablement aussi l'action attractive des 8 globes satellitaires déjà existants, ne l'avaient empêchée de se rompre et de se pelotonner. On s'accorde à penser qu'il se compose d'un nombre infini de corpuscules solides tournant autour de la planète avec une extrême vitesse, et assez rapprochés, dans la partie centrale et supérieure, pour réfléchir les rayons solaires. L'analyse mathématique établit, en effet, qu'un tel système est le seul qui puisse résister aux attractions simultanées du globe central et des satellites agissant en sens contraire, et offrir une stabilité non absolue comme le croyait Laplace, mais relative, je veux dire temporaire, car, nous ne saurions trop le répéter, l'Univers étant une transformation incessante de mouvements ne saurait engendrer, ni dans le temps ni dans l'espace, l'immutabilité, conception toute subjective de notre entendement. D'après les calculs de Flammarion, qui a soumis tous les éléments du problème à une revision minutieuse (1), le bord interne de l'anneau accomplit sa révolution en 5 heures 50 minutes, le bord externe en 12 heures 5 minutes. C'est pour l'ensemble une rotation moyenne d'un peu moins de 9 heures, rotation plus rapide que celle de la planète. Ce fait étrange, que nous avons déjà vu se produire pour le premier satellite de Mars, est la démonstration mathématique de ce que je viens d'avancer au sujet de l'instabilité du système annulaire. Son mouvement s'accélère de siècle en siècle, comme celui de la lune par rapport à la terre, ce qui revient à dire qu'il se rapproche insensiblement de Saturne, sur lequel il viendra infailliblement se dissoudre pièce par pièce. On arrive

(1) Voir les terres du ciel, par Flammarion.

à la même conclusion, quand on compare les observations du XVIIe siècle à celles de nos jours. Au temps d'Huyghens et de Cassini, la zone brillante de l'anneau et la zone sombre étaient d'égale largeur. Aujourd'hui, la première a deux fois plus d'étendue que la seconde. Le diamètre du bord extérieur ne paraît pas diminuer d'une manière sensible, les particules constitutives étant retenues par l'attraction des satellites qui planent au-dessus. Mais celles de la partie centrale, cédant aux sollicitations de la planète, empiètent insensiblement sur la zone obscure qu'elles illuminent de proche en proche, se trouvant assez nombreuses et assez resserrées, pour refléchir les rayons solaires. D'autre part, les mesures micrométriques faites par Otto Struve constatent que dans l'intervalle de 31 ans (1851-1882), le bord intérieur de l'anneau s'est rapproché de Saturne de 12 centièmes de secondes d'arc, ce qui correspond à 2,000 lieues environ par siècle. Si ces mesures sont exactes dans 300 ans, la zone sombre rasera la planète, et alors commencera la désagrégation lente et progressive du système. Ajoutons que la vaste et puissante atmosphère qui entoure le globe saturnien hâtera ce moment en saisissant au passage les particules de l'anneau, qui se réduiront en poussière comme les étoiles filantes, ou éclateront en petits fragments à la façon des bolides. Tel est le sort qui paraît réservé à l'étrange appendice.

Le disque de Saturne est sillonné, comme celui de Jupiter, de bandes parallèles qu'on ne saurait attribuer qu'à de vastes traînées de nuages, flottant au sein d'une immense enveloppe aérienne. L'existence de cette dernière est d'ailleurs confirmée par les occultations des satellites et par le spectroscope qui y découvre, indépendamment des principes contenus dans notre atmosphère, des gaz inconnus, probablement d'origine volcanique. L'enveloppe nuageuse, qui entoure la planète et la dérobe à nos yeux, suppose une grande évaporation de l'eau des mers, et par conséquent un puissant foyer de calorique. Le soleil envoyant à ce monde lointain 90 fois moins de chaleur et de lumière que sur la terre, c'est-à-dire une quantité tout à fait insignifiante, la source thermique doit être cherchée dans le globe saturnien lui-même, que son énorme volume et sa vaste atmosphère nuageuse protègent contre le refroidissement. Mais ce globe, étant d'un diamètre moindre que celui de Jupiter, n'est pas aussi riche en énergie calorifique. L'évaporation des mers, bien inférieure à celle qui a lieu sur la surface du colosse jovien, amène une météorologie moins tourmentée, sauf toutefois dans les régions équatoriales, dont les marées, soit des océans, soit de l'atmosphère, atteignent une puissance incalculable sous l'action simultanée de l'anneau et des satellites. La bande permanente de nuages que l'on observe sur la partie centrale du disque est la démonstration expérimentale de ce fait. L'axe de rotation étant incliné de 25 degrés 42 minutes, par rapport à la normale au plan de l'orbite, les saisons saturniennes offriraient les plus grandes analogies avec les saisons terrestres, si les deux planètes exécutaient leur révolution autour du soleil dans le même temps. Mais nous avons vu que la première met 29 ans et demi à accomplir ce cycle. Chaque hémisphère subit donc, alternativement, un hiver de plus de 7 ans, dont la rigueur est encore aggravée par l'ombre que l'anneau projette derrière lui. Cette circonstance, jointe aux perturbations météorologiques que la haute température du globe, les alizés, l'anneau et les satellites perpétuent dans les régions qui avoisinent l'équateur, rend la terre ferme presque inaccessible aux êtres organisés. Les espèces océaniques elles-mêmes prendraient difficilement naissance si la densité de Saturne était, comme on le suppose généralement, plus faible que celle de l'eau. Il semble, en effet, impossible qu'un tel milieu pût s'adapter aux conditions de la vie, sauf peut-être à quelques essais d'organisations rudimentaires. Mais nous pensons que le nombre 0,128, admis pour cette valeur, doit être rectifié et agrandi. Nous n'apercevons pas le contour proprement dit du globe saturnien, mais bien l'enveloppe de nuages qui l'entoure. Le diamètre apparent que nous mesurons est donc un peu trop large; il en résulte un volume trop grand, et par suite une densité trop faible. Cette rectification faite, le sol de la planète n'offre plus d'anomalie, et s'il paraît inhospitalier aux espèces terrestres, pour les raisons que je viens d'énumérer, en revanche, le fond des océans, inaccessible aux rigueurs des hivers et aux perturbations météorologiques de la surface, est suivant toute probabilité, à l'heure actuelle, le refuge d'une nombreuse et gigantesque population aquatique.

Au résumé, le globe de Saturne est une copie légèrement réduite du globe de Jupiter. S'il lui cède le pas sous le rapport des proportions, il le laisse loin derrière lui par l'éclat de son cortège, je veux dire par le nombre des satellites et par la ceinture lumineuse qui entoure son équateur, comme un dernier vestige ou un écho lointain de la genèse de notre système. On a comparé, non sans raison, ce monde étrange au monde solaire. Les 8 lunes qui gravitent aux côtés de Saturne rappellent en effet les 8 planètes échelonnées aux alentours du grand luminaire, et, par sa constitution physique, l'anneau n'est pas sans quelque analogie avec la lumière zodiacale qui environne l'astre du jour. Si, à ces considérations, on ajoute que les océans saturniens sont, à l'heure qu'il est, le siège d'une puissante activité vitale, nous serons en droit de conclure que ce globe lointain est la merveille du monde solaire.

CHAPITRE IX

URANUS ET NEPTUNE. — LEURS DÉCOUVERTES. — LEURS CARACTÈRES. — LEUR MÉTÉOROLOGIE. — LEURS SATELLITES. — PLANÈTE TRANSNEPTUNIENNE. — RÔLE DÉVOLU A CHAQUE PLANÈTE DANS L'ÉCONOMIE DE LA FAMILLE SOLAIRE.

Saturne était considéré comme occupant les limites extrêmes du monde solaire, et il semblait impossible que ces frontières pussent être reculées, lorsqu'à la fin du siècle dernier une découverte, des plus inattendues, vint doubler le rayon du domaine planétaire et le porter à plus de 700 millions de lieues. Chose non moins extraordinaire, cette découverte fut due, non à un astronome de profession, mais à un inconnu, passionné pour la science des astres. Natif du Hanovre, il s'était fixé en Angleterre comme musicien, et consacrait à l'étude du ciel et à la confection des instruments d'optique tous les instants qui n'étaient pas absorbés par son état. Au mois de mars 1781, observant au télescope un petit groupe d'étoiles dans la constellation des Gémeaux, il reconnut que l'une d'elles offrait un diamètre sensible. Ayant continué ses recherches les jours suivants, il vit, en outre, que le nouvel astre se déplaçait par rapport aux autres étoiles, et avait ainsi un mouvement propre. On sait que ce sont là les caractères des planètes. Mais une telle manière de voir était si éloignée des idées de l'époque et de l'esprit de l'observateur, que ce dernier crut avoir affaire à une comète, bien qu'il n'aperçut ni queue, ni chevelure, et annonça sa découverte à la Société royale de Londres, au mois d'avril de la même année. Tels furent les débuts de William Herschel, dans la carrière qu'il devait parcourir avec tant d'éclat. Dès que cette nouvelle eut franchi le détroit, les astronomes se mirent à l'œuvre pour déterminer les éléments paraboliques du nouvel astre et tracer son parcours. Les tâtonnements furent longs, la courbe indiquée par le calcul ne répondant en aucune façon à celle qu'on attendait. Enfin, après quatre mois de controverses, Laplace et Lexel démontrèrent, chacun de leur côté, que la trajectoire cherchée était presque circulaire, et que, par conséquent, l'astre découvert par Herschel devait être classé parmi les planètes, à une distance du soleil plus que double de celle de Saturne. On lui donna le nom d'Uranus, en l'honneur du plus ancien dieu de l'Olympe.

Ce globe est visible à l'œil nu et offre l'aspect d'une étoile de 6e grandeur. Son diamètre apparent est d'environ quatre secondes, ce qui correspond à un diamètre réel quatre fois plus grand que celui de notre globe, ou de 13,250 lieues. Le volume, la masse, la densité et la pesanteur de la terre étant pris comme unité, on obtient pour Uranus les valeurs suivantes :

Volume 74
Masse 15
Densité 0,209
Pesanteur à la surface 0,88

On voit que la densité de cette planète est cinq fois moindre que celle de la terre, et que les corps y pèsent un peu moins que chez nous. Le rayon moyen de son orbite, en d'autres termes sa distance moyenne au soleil, mesure 733 millions de lieues, ce qui donne 4,300,000,000 de lieues pour la longueur de la trajectoire. Uranus décrit ce parcours en 84 ans avec une vitesse moyenne de 6,700 mètres par seconde. Sa rotation a une durée d'environ 10 heures, d'après le déplacement de certaines taches observées, sur le disque, en avril 1884, par MM. Perrotin et Thollon, de l'observatoire de Nice. La rapidité de ce mouvement giratoire amène, comme pour Jupiter et Saturne, de violents alizés dans les régions équatoriales et un grand aplatissement polaire évalué par les uns à $\frac{1}{11}$, et par d'autres à $\frac{1}{13}$ du diamètre de la planète.

Uranus offre dans sa physionomie deux traits remarquables qui différencient nettement ce globe de tous ceux que nous avons passés en revue. Le premier est l'inclinaison anormale que présente l'axe de rotation. L'angle qu'il fait avec le plan de l'orbite n'est que de 14 degrés, de sorte qu'à première vue la planète paraît renversée et couchée sur ce plan. Il résulte de ce fait que chaque pôle subit tour à tour une insolation de 42 ans et une nuit de même durée, ce qui entraînerait les saisons les plus disparates si la chaleur qu'envoie l'astre du jour n'était tout à fait insignifiante. Le second est encore plus étrange. La rotation, au lieu de s'effectuer de l'ouest à l'est, comme pour la terre et la plupart des globes de notre système, a lieu en sens inverse, c'est-à-dire de l'est à l'ouest. Il en est de même des quatre satellites qui circulent dans le plan de l'équateur. Les deux extérieurs furent découverts par Herschel en 1781, les deux intérieurs par Lassel en 1851. Le plus rapproché parcourt son orbite en 2 jours et demi à la distance de 49,000 lieues, le plus éloigné en 13 jours 11 heures à la distance de 150,000 lieues. Les deux autres ont des vitesses intermédiaires. On peut appliquer à ces satellites ce que j'ai dit au sujet de ceux de Jupiter. Leur nombre et leur volume, nécessairement en rapport avec les dimensions de la planète et la rapidité du mouvement giratoire de cette dernière, produisent de puissantes marées océaniques, atmosphériques et souterraines, qui se succèdent presque sans interruption et ont pour conséquences d'incessantes perturbations météorologiques dans les régions qui avoisinent l'équateur. Lorsqu'on l'examine sous un ciel pur et avec un puissant télescope, le disque uranien présente dans sa partie centrale des bandes rappelant celles de Jupiter et de Saturne, mais beaucoup moins accentuées, tant par suite de l'éloignement que parce que les agents qui les produisent sont d'une moindre énergie. Ainsi que je l'ai dit plus haut, de telles bandes ne sauraient être attribuées qu'à des traînées de nuages. Cette manière de voir est confirmée par le spectroscope qui constate à la surface du disque la présence d'une vaste atmosphère analogue à celle des globes joviens et saturniens, c'est-à-dire riche en vapeur d'eau et mêlée de gaz encore inconnu. Ce monde lointain recevant du soleil 360 fois moins de chaleur que la terre, la source thermique qui produit une météorologie si marquée émane nécessairement de la planète elle-même que son volume et une puissante enveloppe de gaz, de vapeurs et de nuages protègent contre le refroidissement. Il est, dès lors, à présumer que le fond des océans est peuplé d'une faune offrant peu d'analogie avec nos espèces aquatiques, tant le milieu uranien diffère du milieu terrestre.

Au résumé, le monde d'Uranus reproduirait trait par trait, sauf les proportions, le monde de Jupiter, si l'inclinaison extraordinaire de l'axe et surtout le sens rétrograde du mouvement giratoire n'en faisaient une création insolite plus suprenante encore que celle de Saturne et n'ayant d'analogue dans notre système que Neptune. Malgré son éloignement de la terre, ce globe étrange n'est pas sans exercer quelque influence sur nos destinées, tant sont étroits les liens qui unissent les divers membres de la famille solaire. L'an 126 de notre ère, d'après les calculs de Le Verrier, il captura une comète qui, depuis cette époque, nous revient périodiquement tous les 33 ans. C'est l'astre signalé en 1866 par Schiaparelli, qui nous envoie chaque année la pluie d'étoiles filantes du 13 novembre. On sait que les perturbations d'Uranus amenèrent, en 1846, la découverte de Neptune, et que cette conquête scientifique recula de 400,000,000 de lieues les frontières du domaine planétaire. Dans ces derniers temps, l'analyse du mouvement rétrograde de ce globe a démontré à M. Faye que la cosmogonie de Laplace doit être modifiée dans ses points essentiels, de sorte qu'on peut dire que c'est Uranus qui nous a donné la clef du véritable système du monde.

Uranus n'avait pas encore parcouru la moitié de son orbite que le tracé de cette courbe présentait déjà des irrégularités qui éveillèrent l'attention des observateurs et conduisirent, quelques années plus tard, à une découverte dont le retentissement fut encore plus grand que celle de 1781. Vers 1820, Bouvard, de l'observatoire de Paris, construisant les tables des trois grosses planètes, Jupiter, Saturne et Uranus, s'aperçut que les positions assignées par le calcul à cette dernière étaient en désaccord avec celles qu'indiquaient les observations. Comme l'écart allait toujours en augmentant, et que, d'un autre côté, il était facile de s'assurer que les influences perturbatrices de Jupiter et de Saturne n'y entraient pour rien, Bouvard l'attribua à l'action d'une planète extérieure qui, suivant sa position par rapport au soleil et à Uranus, tantôt accélérait la marche de ce globe, et tantôt la retardait. Cette conclusion fut généralement adoptée par les astronomes. C'était en effet une conséquence naturelle du principe posé par Newton. La recherche de la planète inconnue n'offrait du reste aucune difficulté. La loi de Titius, sur les distances planétaires, indiquait d'une manière approximative son éloignement, et les perturbations d'Uranus permettaient d'évaluer sa masse et la position qu'elle occupait dans le ciel. Le problème se réduisait à un simple calcul algébrique. Cependant aucun astronome ne songea à prendre la plume pour dégager l'inconnu, n'attribuant sans doute qu'une importance secondaire à cette question. Ce fut un jeune étudiant de l'Université de Cambridge, Adams, appelé depuis à une grande célébrité, qui, le premier, aborda le problème et en donna la solution dans un mémoire qu'il remit, en octobre 1845, au directeur de l'observatoire de Greemvich. Ce dernier n'y donna aucune suite, tant était grande l'indifférence à ce sujet. Vers la même époque, il se trouvait à Paris un ancien élève de l'école polytechnique, Le Verrier, qui s'était déjà fait connaître par la publication de divers mémoires astronomiques, notamment par un savant travail sur Mercure. Arago, frappé du mérite du jeune mathématicien, lui proposa, comme sujet d'étude et exercice de calcul, la recherche de la planète extra-uranienne. Le Verrier se mettant aussitôt à l'œuvre rectifia et compléta les tables de Bouvard, détermina la position de l'astre inconnu et présenta son mémoire à l'Académie des sciences, le 31 août

1846. Le 23 septembre de la même année, Galle, explorant à Berlin la région du ciel, indiquée par le jeune astronome comme devant contenir la nouvelle planète, l'aperçut à moins d'un degré de la position que lui assignait le calcul.

Le rayon du monde solaire venait ainsi d'être porté à plus de 1,100,000,000 de lieues. Pour la seconde fois, la théorie de Newton recevait une éclatante confirmation. La découverte de la planète extra-uranienne rappelait en effet la comète de Halley se montrant en 1759 à la date indiquée par les calculs de Clairault. Cette grande conquête scientifique eut un immense retentissement. Neptune fut pour Le Verrier ce qu'Uranus avait été pour Herschel, le commencement de la célébrité et de la fortune, chose triste à dire ! Au milieu des applaudissements unanimes du monde savant, il se trouva des détracteurs qui cherchaient à rabaisser le mérite du jeune calculateur. On lui reprochait de s'être approprié la planète de Bouvard. On se plaisait à répéter qu'il n'y avait aucune gloire à résoudre des équations connues de tous les astronomes. Hâtons-nous d'ajouter qu'Arago, qui raconte cette découverte avec une grande impartialité, dans son *Astronomie populaire*, rendit pleinement justice à l'éminent analyste et proposa de donner le nom de Le Verrier à la nouvelle planète. Mais comme pour Uranus, que quelques-uns voulaient appeler Herschel, les souvenirs classiques l'emportèrent encore cette fois, et le nom de Neptune prévalut.

Neptune offre l'aspect d'une étoile de 8me grandeur et est, par conséquent, invisible à l'œil nu. Son diamètre apparent mesure environ 2"42, ce qui correspond à un diamètre réel de 14,000 lieues. C'est plus de quatre fois le diamètre terrestre. Les autres éléments de la planète, rapportés à ceux de notre globe pris comme unité, sont représentés par les nombres suivants :

Volume...................... 84
Masse....................... 18
Densité 0,216
Pesanteur à la surface...... 0,953

On voit que la densité est le 5e de celle de la terre, et que les corps ont à peu près le même poids que chez nous. Le rayon moyen de l'orbite mesure environ 1,100,000,000 de lieues. La révolution autour du soleil s'effectue en 165 ans environ, ce qui donne pour le mouvement de translation une vitesse moyenne de 5,400 mètres par seconde. C'est la plus faible des vitesses planétaires. On n'a pu encore déterminer, d'une manière exacte, la vitesse de rotation. Nous savons seulement qu'elle est très rapide, et on l'évalue approximativement à 11 heures. Comme Uranus, Neptune tourne dans le sens rétrograde, c'est-à-dire de l'Est à l'Ouest. Il en est de même de l'unique satellite que nous lui connaissions jusqu'ici et qui fut aperçu par Lassel, le 10 octobre 1846, quelques jours après la découverte de la planète. Il gravite à une distance moyenne d'à peu près 100,000 lieues et effectue sa révolution en 5 jours 21 heures. Il est à présumer qu'il a des compagnons que les progrès de l'optique révèleront un jour. Nous connaissons jusqu'ici fort peu de choses, sur ce monde lointain, l'immense distance qui nous en sépare le rendant peu accessible à nos moyens d'observations. Tout ce qu'on peut dire, c'est qu'il offre les plus grandes analogies avec Uranus, non seulement par son volume et sa rotation rétrograde, mais encore par d'autres traits de sa physionomie, inclinaison de l'axe, atmosphère, météorologie, etc. Etant 30 fois plus éloigné du soleil que la terre, et recevant par conséquent 900 fois moins de chaleur et de lumière, il semble que ce globe dût être glacé jusque dans son centre. Mais les vapeurs absorbantes que le spectroscope découvre dans son enveloppe gazeuse attestent l'existence d'un foyer de chaleur dans la planète elle-même, et il est permis de conclure que la vie, loin d'y être éteinte comme on le pensait autrefois, y est encore en plein épanouissement, du moins dans le fond des mers, que n'atteignent jamais les intempéries des saisons et les perturbations de la surface. Remarquons que la haute température de Neptune, inadmissible dans la théorie de Laplace, qui faisait de ce globe le fils aîné de la famille solaire, c'est-à-dire le plus ancien, s'explique aisément depuis que M. Faye nous a appris qu'il est de formation récente et postérieure à celle du soleil, dont l'âge, évalué d'après les calculs de la thermodynamique, ne dépasserait pas 15,000,000 d'années.

Neptune marque-t-il la frontière extrême du monde planétaire ? Nous ne le pensons pas. Une distance de 1,100,000,000 de lieues ne représente qu'un point imperceptible dans le mètré de la nature qui, pour l'espace aussi bien que pour le temps, ne connaît d'autres limites que l'infini. Nombre d'étoiles multiples ont des composantes dont le parcours exige des centaines et parfois des milliers d'années, tant le rayon de leur orbe dépasse celui de Neptune. Pourquoi n'en serait-il pas de même du monde solaire, qui, ainsi que nous l'avons vu, n'est à proprement parler qu'une étoile multiple. Dans ces derniers temps, Flammarion a tiré de l'étude des comètes périodiques des considérations très ingénieuses qui sont en quelque sorte la démonstration directe de l'existence d'un globe transneptunien. Il fait remarquer que les aphélies des orbites cométaires se trouvent constamment au voisinage du parcours d'une grosse planète. Si l'on dessine sur une carte le tracé des courbes que décrivent ces astres, on voit à première vue que sur les 12 comètes périodiques, dont le retour a été constaté, 8 ont leur aphélie non loin de l'orbe de Jupiter, une aux environs de celui de Saturne, une autre près de la route que suit Uranus, et deux au voisinage de Neptune. On sait, d'autre part, qu'une nébulosité errante devient pérodique lorsquelle passe près d'un globe assez puissant par sa masse pour infléchir sa trajectoire et la faire tourner à l'ellipse. Il est, dès lors, à présumer que toute comète dont l'aphélie se trouve au delà de Neptune, et qui nous revient périodiquement, doit son introduction, dans notre système, à l'existence d'une planète extérieure d'un certain volume. On en connaît deux dans ce cas : celle de 1532 reparue en 1661, et la 3ᵉ de 1862 qui ramène chaque année les étoiles filantes du 10 août et qui accomplit sa révolution en 121 ans environ. Ces deux comètes ont leur aphélie à la distance 49, le rayon de l'orbe terrestre étant pris pour unité. C'est au voisinage de cette distance que Flammarion place le globe transneptunien. J'ajouterai un fait digne de remarque, qui confirme cette manière de voir, en lui donnant la sanction de l'analyse mathématique. Nous avons vu que la loi de Titius, qui n'est qu'approximative pour les premiers termes de la progression des distances planétaires, devient tout à fait insuffisante à partir d'Uranus, mais que la formule de Boucheporn fait connaître ces termes de la manière la plus précise. Or, la place assignée par cette formule au globe inconnu ne sort pas des limites données par Flammarion. Il est à supposer que, malgré son éloignement de Neptune, ce corps céleste exerce une action perturbatrice sensible sur cette dernière planète lorsque les deux astres se trouvent à leur minimum de distance, et il sera aisé, aux astronomes de la fin du XXe siècle, de déterminer sa position lorsqu'ils auront tracé la totalité ou la presque totalité du parcours neptunien.

Avant de quitter le monde planétaire, jetons un dernier coup d'œil d'ensemble sur les principaux globes qui le composent et que nous venons de passer en revue. Tout d'abord on voit qu'ils forment deux groupes naturels de physionomies entièrement distinctes. Mercure,

Vénus, la Terre, Mars constituent le premier.
Le caractère commun à ces globes est leur petit
diamètre. L'exiguïté de volume a permis à la
surface de se refroidir et, à l'heure qu'il est,
ils ne se réchauffent plus qu'au contact des
rayons du soleil, autour desquels ils se pressent
comme autant de nourrissons sortis de son sein.
Le deuxième groupe comprend les grosses planètes : Jupiter, Saturne, Uranus, Neptune. Un
volume énorme et une vaste atmosphère ont
préservé jusqu'ici leur surface d'un refroidissement complet, et c'est à cette source thermique que ces globes empruntent la chaleur nécessaire à la génèse et à l'entretien de la vie,
et qu'ils ne peuvent plus tirer de l'astre du
jour. Ce groupe se subdivise en deux petites
familles. Dans la première, on compte les deux
colosses de notre sytème : Jupiter et Saturne ;
dans la seconde, Uranus et Neptune. Ces deux
dernières planètes se différencient des précédentes moins par le volume que par le sens
rétrograde du mouvement giratoire, indice certain qu'elles relèvent d'un mode de parturition
complètement distinct de celui qui a produit
les autres globes du cortège solaire. Se complétant l'une l'autre, quand on les soumet à
une analyse comparative, ces terres lointaines
nous permettent de retracer non seulement les

traits essentiels de leur physionomie, mais encore leur constitution intime et le secret de leur origine. Mercure nous dit ce que fut notre sphéroïde au sortir de l'âge chaotique; Vénus, ce qu'il était dans la période de l'adolescence; Mars, ce qu'il sera lorsque la vieillesse s'appesantira sur lui; Jupiter et Saturne nous montrent les conséquences qu'un grand diamètre entraîne dans l'économie d'une planète. Enfin, Uranus et Neptune nous font entrevoir la forme primitive de la nébuleuse d'où est sorti le monde solaire. A son tour, la Terre nous initie à la nature du sol de ses sœurs de l'espace, à la constitution de la masse fluide qui les entoure, aux phénomènes dont cette enveloppe est le siège, aux merveilles de la vie, aux grandeurs de l'intelligence, aux destinées de l'être pensant.

CHAPITRE X

COMÈTES. — ÉTOILES FILANTES. — BOLIDES. AÉROLITES. — LUMIÈRE ZODIACALE.

Les planètes ne sont pas les seuls globes qui circulent autour du soleil. Il existe un second groupe de satellites non moins nombreux et d'une physionomie étrange. Les Grecs leur donnèrent le nom de comètes, c'est-à-dire d'astres chevelus, à raison de l'aspect qu'ils présentent quand ils s'approchent du soleil. On pourrait, avec non moins de raison, les appeler astres errants, si l'on tient compte de la nature de leur parcours. La famille solaire comprend ainsi deux populations distinctes, qui se superposent et se croisent sans se heurter : le monde planétaire et le monde cométaire. Ces deux systèmes diffèrent non seulement par leur origine, mais encore par tous les caractères extérieurs. Tandis que les planètes sont opaques, ne changent pas sensiblement de formes, paraissent indestructibles, décrivent des orbites presque circulaires autour du foyer commun, se meuvent constamment dans le sens direct, c'est-à-dire d'Occident en Orient, et ne sortent jamais du zodiaque, les comètes sont des agrégats de corpuscules ou de matières gazeuses, changent de dimensions, d'aspect et de formes, chaque fois qu'elles arrivent au voisinage du soleil, finissent à la longue par se désagréger et disparaître, décrivent des paraboles qui, suivant les circonstances, se changent en ellipses ou en hyperboles, se meuvent, tantôt dans le sens direct, tantôt dans le sens rétrograde, et sont situées dans des plans qui font tous les angles possibles avec celui de l'écliptique. Etudions de plus près ces diverses particularités.

Ce n'est qu'à la fin du XVIIe siècle que l'étude des comètes entra dans une voie rationnelle, et que l'on commença à avoir des notions justes sur la nature des orbes qu'elles décrivent. Jusqu'à cette époque ces astres bizarres, de provenance inconnue, étaient, aux yeux des populations effrayées, des messagers de mauvais augure présageant quelque grande calamité publique. En 1680 parut une des plus belles comètes que l'histoire ait enregistré dans ses annales. Newton, ayant mesuré ces éléments astronomiques avec toute la précision que comportaient les instruments et les méthodes de l'époque, reconnut qu'elle obéissait aux lois de la gravitation universelle et qu'elle se mouvait suivant une parabole. L'astre errant arrivait des profondeurs de l'espace et y rentrait après avoir contourné le soleil. La parabole étant la limite des positions que prend successivement une ellipse lorsqu'elle s'allonge vers l'infini, le grand géomètre n'hésita pas à conclure que la trajectoire parabolique d'une comète peut, dans certains cas, devenir elliptique, et que nombre de ces corps célestes sont, par conséquent, périodiques. Halley voulut donner à cette hypothèse la sanction de l'expérience. Il compulsa les archives de l'astronomie, rapprochant les apparitions cométaires qui présentaient des caractères analogues, et étaient séparées par un même nombre d'années. Après maints calculs et maintes recherches, il s'assura que les comètes qui avaient parues en 1531, 1607, 1682 répondaient à ce programme, et il conclut que c'était le même astre qui revenait périodiquement tous les 76 ans environ. Il fit connaître le résultat de ses travaux en 1704, et annonça le retour de la comète pour la fin de 1758 ou le commencement de 1759. A cette époque, il eût été difficile de préciser davantage. La mécanique céleste était à peine ébauchée et on ne pouvait évaluer que par à peu près le retard apporté dans la marche de la comète par l'action perturbatrice de Jupiter et de Saturne. Un demi-siècle plus tard, l'astronomie s'était enrichie de savantes formules analytiques, et, en 1758, Clairault, qui avait pris une large part à ce grand travail d'exégèse algébrique, put résoudre d'une manière précise le problème posé par Halley. Il calcula que la comète serait retardée de 100 jours par Saturne, de 518 par Jupiter, et annonça qu'elle passerait au périhélie vers la mi-avril 1759, avec un mois d'incertitude en plus ou en moins, car, pressé par le temps, il avait dû négliger dans ses calculs certaines quantités de peu d'importance. L'astre si impatiemment attendu parut enfin et passa au périhélie le 12 mars, au jour même, pour ainsi dire, qui lui était assigné. Un long cri d'admiration retentit dans toute l'Europe. L'enthousiasme qui gagna le monde savant peut être comparé à celui que nous avons vu se produire dans notre siècle au sujet de la découverte de Neptune. La mécanique céleste venait de recevoir la plus solennelle des consécrations, et le système solaire s'enrichissait d'un nouveau cortège, celui des comètes périodiques. L'astre de Halley a reparu en 1835, avec un retard seulement de trois jours. On avait tenu compte, cette fois, des perturbations d'Uranus, ignorées de Clairault, et il est probable que le passage au périhélie, qui eut lieu le 16 novembre, aurait coïncidé avec la date fournie par le calcul, si l'on eût connu Neptune, qui ne fut découvert que onze ans plus tard.

Bien que l'existence des comètes périodiques eût été démontrée par le retour de celle de Halley, leur recherche fut un peu négligée pendant une soixantaine d'années, faute sans doute d'observateurs et de bons instruments. On avait, il est vrai, calculé les orbites d'une dizaine d'entre elles, entre autres, celles de 1680 et de 1811, mais ces astres étant à longues périodes, on n'avait pu constater leur retour, et donner ainsi à leur périodicité la sanction de l'expérience. Cette étude ne fut reprise, à vrai dire, qu'en 1819, au sujet de la petite comète à courte période, découverte l'année précédente par Pons, concierge de l'observatoire de Marseille. Un astronome de Berlin, Encke, appliquant à cet astre la méthode de Halley, reconnut qu'il s'était déjà présenté plusieurs fois, calcula les éléments de son orbite et fixa la durée de sa révolution à trois ans et trois mois et demi environ. L'expérience confirma pleinement l'exactitude de ces calculs. Depuis, on a déterminé les orbites d'une quarantaine de comètes périodiques, mais douze seulement, en y comprenant celles d'Encke et de Halley, ont été revues, parce qu'elles sont à courte période, et c'est à elles seulement qu'il convient de donner le nom de comètes périodiques. En voici la liste avec la date de leur découverte et la durée de leur révolution, exprimée en année et fraction d'année :

Encke (1818), 3,310.
Tempel, 3ᵉ (1873), 5,209.
Tempel, 2ᵉ (1869), 5,446.
Brorsen (1846), 5,462.
Winneck (1858), 5,730.
Tempel, 1ʳᵉ (1867), 5,982.
Biéla (1826), 6,587.
D'Arreste (1851), 6,686.
Faye (1843), 7,566.
Tuttle (1858), 13,811.
Pons (1812), 71,48.
Halley (1759), 76,37.

On peut ajouter à cette liste la comète qui amène les étoiles filantes du 13 novembre et probablement aussi celle des étoiles filantes du 10 août. La première revient périodiquement tous les 33 ans et a paru en 1866. La seconde a été aperçue en 1862, et la durée de sa révolution a été fixée à environ 120 ans.

On remarquera que les durées des révolutions cométaires ne sont qu'approximatives, tandis que les durées des révolutions planétaires sont connues avec la plus grande précision. Cela tient à la nature de l'astre chevelu. Son orbite se calculerait aussi exactement que celui des planètes, s'il était visible comme ces dernières dans tout son parcours, et s'il ne passait à proximité d'aucun corps céleste. Mais il n'en est jamais ainsi. Les comètes n'étant généralement visibles qu'au voisinage du périhélie, on ne peut observer qu'une fraction insignifiante de leur trajectoire, si bien qu'il est souvent difficile de déterminer si la portion de courbe, que l'on a sous les yeux, est un arc d'ellipse, de parabole ou d'hyperbole. D'autre part, les masses cométaires, étant excessivement faibles, obéissent facilement aux influences attractives des planètes qu'elles rencontrent sur leur passage et qui troublent leur marche, tantôt en l'accélérant, tantôt en la ralentissant parfois même en changeant la forme de l'orbite. Aussi la trajectoire d'une comète doit-elle être calculée pour chaque retour, afin de tenir compte des avances ou retards qu'amènent les perturbations planétaires. Malgré ces précautions, il arrive parfois que l'astre manque au rendez-vous ou change les heures assignées par le calcul. Tel est le cas de la comète d'Encke, dont la durée de révolution diminuait d'un dixième de jour environ à chaque retour, jusqu'en 1868, et diminue aujourd'hui de la moitié seulement de cette valeur. La cause d'une telle anomalie, que présentent également les comètes de Winneck et de Faye, est encore inconnue. La résistance du milieu éthéré qu'on avait d'abord invoquée ne peut être prise en considération, aucun effet analogue n'ayant été observé dans les mouvements des autres comètes à courtes périodes.

Nous ferons une autre remarque au sujet des comètes périodiques. C'est que leur nombre, loin d'être constant, comme celui des planètes, est toujours variable et indéterminé. Chaque fois qu'un de ces astres passe au périhélie, il éprouve de la part du soleil une action dissolvante qui finit à la longue par désagréger complètement sa masse et la transformer en myriades de corpuscules que nous aurons bientôt occasion d'étudier, sous le nom d'étoiles filantes. A la suite de modifications si radicales, la comète perd sa personnalité, si l'on peut s'exprimer ainsi, et disparaît de la liste des astres. Parfois, son orbite change de nature sous l'action d'une grosse planète, et d'ellipse devient parabole ou hyperbole. La comète cesse alors d'être périodique et revient à l'état d'astre errant. Parfois aussi, c'est l'effet inverse qui se produit. Les influences planétaires ferment les branches infinies de la trajectoire pour en faire un orbe elliptique et le cortège solaire s'enrichit d'un nouveau satellite. Ces fluctuations de natures contraires agissant ainsi pendant tout le cours des âges, le nombre des comètes périodiques reste toujours indéterminé. Il est encore plus mal aisé d'évaluer celui des comètes non périodiques, car, ainsi que nous le verrons bientôt, ces astres subissent tôt ou tard la même destinée que les précédents et, d'autre part, il s'en forme journellement de nouveaux aux limites du monde solaire ou dans les régions stellaires voisines. Essayons néanmoins de fixer des limites. On peut estimer à 10, en moyenne, le nombre des comètes non périodiques qui passent chaque année au périhélie et qui se rapprochent assez de nous pour être visibles à l'œil nu ou au télescope. Ce chiffre doit être considéré comme un *minimum*, car, pour des causes diverses, nombre de petites comètes se dérobent aux recherches des observateurs. Ce fait s'est présenté récemment à l'occasion de l'éclipse totale de soleil du 17 mai 1882. Les astronomes qui allèrent étudier ce phénomène en Egypte aperçurent, pendant l'occultation, une petite comète perdue dans les régions circumsolaires, et qui avait échappé à tous les regards. 10 comètes par an, c'est un millier par siècle, ou 1,000,000 en 100,000 ans. Décuplons ce chiffre pour tenir compte de celles qui passent trop loin du soleil pour être aperçues (1), puis

(1) D'après les calculs d'Arago, il circule plus de 17,000,000 et demi de comètes dans l'orbite de Neptune.

centuplons-le, afin de faire entrer dans les éléments du calcul le temps écoulé depuis la formation du système solaire. Nous resterons certainement au-dessous de la vérité, et nous arriverons à la conclusion de Képler : il y a autant de comètes que de poissons dans l'océan. Képler n'avait probablement en vue que celles qui entrent dans le monde solaire. Si l'on veut tenir compte de celles qui circulent dans les autres systèmes stellaires, on voit aisément que leur nombre n'a d'autres limites que l'infini.

Étudions maintenant les métamorphoses si étranges au premier aspect qu'éprouve une comète dans son passage au périhélie. Lorsqu'elle arrive des profondeurs de l'espace, on aperçoit d'abord une masse gazeuse sphérique d'une lueur très pâle et de densité si faible qu'elle échappe à toute appréciation. Bientôt le centre devient lumineux et apparaît comme une petite étoile. C'est le noyau. La nébulosité qui l'entoure prend le nom de chevelure. En même temps commence la marée cométaire. A mesure que l'astre nébuleux approche du soleil ses éléments fluides, obéissant à l'appel du puissant foyer d'attraction, s'allongent en avant et en arrière de la masse centrale, rappelant, sur une échelle immense, le flux de l'océan. Puis surgit un nouveau phénomène. Subissant de plus en plus l'influence à la fois attractive et calorifique du globe incandescent, la comète s'échauffe, se dilate, se réduit en vapeur, du moins à la suface. Dès lors, la force expansive de la marée n'a plus de limites, la nébulosité fuse par ses deux extrémités, pour me servir de l'expression de M. Faye, et celle d'avant atteindrait promptement le foyer d'attraction, si elle n'était brusquement arrêtée par une action répulsive émanant de ce foyer lui-même. Qu'elle est la nature de cette force ? C'est un effet électrique d'après Olbers et Bessel, magnétique d'après le P. Séchi, et simplement calorifique d'après M. Faye. Cette dernière hypothèse paraît la plus probable. Ainsi refoulées en arrière, les vapeurs, qui formaient le prolongement antérieur de la nébulosité, se replient vers l'extrémité opposée et forment une traînée lumineuse qui occupe parfois une vaste zone de la voûte céleste. C'est la queue de la comète. Les dimensions dépendent de celles de la nébulosité qui lui donne naissance et de la distance de cette dernière au soleil. Plus cette distance est petite, plus l'action répulsive du grand astre devient active, plus la traînée codale est considérable. La queue de la grande comète de 1843 atteignit 80,000,000 de lieues. C'est la plus longue qu'on ait mesurée. Il est vrai que cette comète était une des plus belles que l'astronomie ait enregistré dans ses annales, et qu'à son passage au périhélie, elle s'approcha si près du soleil qu'elle rasa presque sa surface. La rapidité vertigineuse avec laquelle s'effectue le passage, quand la distance qui sépare les deux astres n'est pas considérable, est une conséquence naturelle des lois de la gravitation universelle. La comète de 1843 parcourut à ce moment plus de 550 kilomètres par seconde. C'est la plus grande vitesse qu'ait offert jusqu'ici la mécanique céleste. Ajoutons que cette vitesse ne s'applique qu'à la tête des comètes, et que la traînée codale, qui lui fait suite, étant toujours par sa nature même à l'opposite du soleil, se meut nécessairement avec une rapidité encore plus surprenante. Après le passage au périhélie, l'astre nébuleux reproduit dans la deuxième partie de son cours tous les changements d'aspects qui ont marqué son arrivée, mais en sens inverse. La queue qui maintenant précède la tête s'amoindrit à mesure qu'elle s'éloigne du soleil, c'est-à-dire à mesure que s'affaiblit la force répulsive qui lui donne naissance, et finit par disparaître. Le noyau perd graduellement son éclat lumineux, et bientôt on ne distingue plus, comme au début, qu'une sphère gazeuse dont la pâle lueur ne tarde pas à s'éteindre. La nébulosité rentrée dans les profondeurs de l'espace est désormais invisible. Ainsi que le remarque judicieusement M. Faye, dans sa savante notice sur la figure des comètes (1), tous les changements d'aspects, que présentent ces astres, lors du passage au périhélie, sont des conséquences nécessaires de l'attraction que le soleil exerce sur une sphère de nature fluide, de la dilatation que subit cette dernière, en s'approchant du grand foyer d'incandescence et de la force répulsive qu'une haute température fait éprouver aux vapeurs cométaires amenées par l'action solaire à une ténuité sans limites. Supposons que la terrre au lieu d'être un globe solide soit une masse gazeuse et, qu'au périhélie, elle devienne très rapprochée du soleil, la marée océanique, appréciable seulement pour l'habitant des côtes, prendra tout à coup des proportions extraordinaires, la sphère terrestre fusera par ses deux extrémités, et il se formera à l'opposite du soleil une immense traînée codale rappelant en tous points celle des comètes.

Des faits que nous venons d'établir découlent deux conséquences capitales :

1° Chaque fois qu'une comète passe au périhélie, elle perd par l'extrémité de sa queue une

(1) Voir l'Annuaire du bureau des longitudes pour 1883.

partie de sa substance. M. Faye compare ingénieusement cette queue au panache de fumée qui s'échappe de la cheminée d'un stéamer en marche. Bien que le panache s'alimente sans cesse par un bout, il n'en reste pas moins stationnaire, l'autre extrémité se dissipant dans les airs au fur et à mesure de sa formation. Il en est de même de la queue des comètes. Les éléments fluides qui la constituent, chassés au loin par l'action répulsive du soleil, finissent par atteindre la distance ou ils échappent à l'attraction de la masse centrale, attraction très faible, comme on sait, à raison du peu de densité de cette masse. Dès lors, ils s'en séparent, et, sous l'impulsion de la vitesse acquise, vont se perdre dans l'espace. La comète de Halley est la démonstration expérimentale de l'appauvrissement que subissent les nébulosités errantes, chaque fois qu'elles contournent le soleil. A son passage de 1,305, ses dimensions étaient telles qu'elles lui donnaient un aspect terrifiant. Depuis cette époque, ses apparitions périodiques ont été de moins en moins effrayantes, et, à son dernier retour de 1835, ce n'était plus qu'une comète ordinaire, tant elle avait diminué de volume. Dans quelques siècles, elle deviendra invisible à l'œil nu, et ne pourra plus être aperçue qu'à l'aide de la lunette ou du télescope ;

2° Les comètes éprouvent au périhélie une autre action dissolvante distincte de la première. L'attraction solaire tend en effet à disloquer leurs parties constitutives, de sorte qu'on voit parfois le noyau se fractionner en deux ou plusieurs fragments de grandeur inégale qui forment autant de petites comètes. Rappelons seulement celle de Biéla, qui se partagea en deux à son passage de 1846, et la grande comète de 1882 qui subit le même sort, d'après l'observation de M. Schmith, d'Athènes. Les nouveaux astres continuent à cheminer ensemble, mais en s'écartant de plus en plus, jusqu'à ce qu'ils soient complètement séparés et qu'ils constituent chacun une comète distincte et indépendante. L'écart des deux fragments de Biéla, qui était de 60,000 lieues en 1846, atteignait 500,000 lieues lors de leur retour en 1852. Mais l'attraction solaire ne se borne pas à disloquer et fractionner les comètes ; elle tend aussi à désagréger leurs éléments et à les disséminer le long de l'orbite. Quand ce travail de décomposition est suffisamment prononcé, la comète cesse d'être visible ; elle a perdu sa personnalité propre et s'est transformée en essaims de météorites qui se manifestent sous forme d'étoiles filantes chaque fois que la terre les rencontre sur son passage. La comète de Biéla en a offert récemment de frappants exemples. Cet astre n'avait pas reparu depuis son passage de 1852, mais il se révéla tout à coup dans les nuits du 27 novembre 1872 et 1885, par une magnifique pluie d'étoiles filantes. On sait, en effet, d'après les calculs des astronomes, qu'à ces deux dates l'orbe de la terre coupait celui de la comète, et que la tête de celle-ci était passée par ce point quelques semaines auparavant. C'étaient donc ses éléments, désagrégés et restés en arrière, que notre sphéroïde venait de rencontrer. Tel est le sort réservé aux comètes périodiques, et plus généralement à toutes les comètes, car, ainsi que nous le verrons tout à l'heure, ces astres finissent tôt ou tard par devenir périodiques.

Le spectroscope ne nous a appris jusqu'ici que fort peu de chose sur la constitution moléculaire des comètes. Pendant longtemps le noyau, c'est-à-dire la partie lumineuse, la seule qui puisse donner des indications, n'a révélé que des hydrures ou des oxydes de carbone. Ce n'est que dans les deux dernières comètes de 1882 qu'on a reconnu les raies du sodium. Mais l'analyse spectrale des étoiles filantes, l'analyse chimique de leurs résidus qu'on rencontre sous forme de poussières cosmiques, sur les neiges des hautes montagnes et des régions polaires, enfin l'étude des aérolites, qui sont également, du moins en partie, des débris cométaires, ont considérablement augmenté la liste de ces corps simples et démontré une fois de plus l'unité de la matière disséminée dans l'espace, car ces éléments sont ceux qu'on retrouve d'ordinaire dans la constitution du soleil, des étoiles et de l'écorce terrestre. La densité des comètes est si faible qu'elle suffirait à elle seule pour différencier ces astres des autres corps célestes. Leur masse se réduit à si peu de chose qu'on distingue à travers les étoiles les plus petites, et qu'elle peut raser les satellites d'une planète sans modifier ou altérer leurs orbites. Ce fait établi en 1870, lorsque la comète de Lexel traversa le groupe de Jupiter, a été confirmé par la grande comète de 1861 qui toucha la lune de sa queue. On ne doit donc pas s'étonner si la masse de ces astres a échappé jusqu'ici à toute appréciation exacte. Leur volume est excessivement variable. D'ordinaire il se réduit à de si minimes proportions qu'il ne peut être aperçu qu'à l'aide de la lunette ou du télescope. Lorsqu'il atteint certaines dimensions, l'astre devient visible à l'œil nu, après le coucher du soleil ou avant son lever. Parfois on le voit en plein jour, mais ce cas est très rare et ne se présente guère qu'une fois par siècle. Telles furent les comètes de 1743 et de 1843. La plus grande qui ait parue depuis que ces astres sont soumis à des observations précises est celle de 1811. Sa tête mesurait 450,000 lieues de diamètre, ce qui suppose un volume double de celui du soleil. La queue n'avait, il est vrai, que 44,000,000 de lieues d'étendue, tandis que celles des comètes de 1680 et de 1843 atteignaient une longueur, la première de 60,000,000 de lieues, la seconde de 80,000,000. Cette anomalie apparente tient uniquement à ce que ces deux dernières comètes ont rasé la surface du soleil à leur passage au périhélie, tandis que celle de 1811 se tint à 38,000,000 de lieues de distance. Or, d'après ce que nous avons vu plus haut, la longueur des appendices cométaires est en raison inverse de la distance du périhélie. Il est donc à présumer que la comète de 1811 aurait, grâce à son énorme volume, développé une queue d'une étendue incalculabe, si elle était passée aussi près du soleil que ses sœurs de 1680 et de 1843. Ces appendices peuvent atteindre également de grandes dimensions en largeur et envelopper quelques instants notre globe, s'il se rencontre sur leur route. Ce cas s'est présenté lors du passage de la grande comète de 1861. Pendant quelques heures, la terre et la lune ont été immergées dans sa traînée codale. Personne ne s'en aperçut tant est raréfiée la matière qui constitue ces apparences de nébulosités. La seule chose qui soit à redouter, c'est l'introduction, dans notre atmosphère, de gaz délétère pouvant amener des symptômes d'empoisonnement ou d'asphyxie. Petit, de l'observatoire de Toulouse, raconte que le 13 mai 1858 on ressentit dans la ville et d'autres localités du département, de 2 à 7 heures du soir, une odeur de chlore très prononcée, tandis que la lumière du jour s'était affaiblie d'une manière sensible. Il attribue ce phénomène à un nuage cosmique, en d'autres termes, au passage d'une comète invisible. Liais fut témoin d'un fait analogue au Brésil, et invoque la même cause. L'an 590 de notre ère, époque de l'apparition d'une brillante comète, on vit une épidémie des plus singulières : le malade était saisi d'accès d'éternuement, qui souvent amenait la mort. C'est de là, dit-on, que nous vient l'expression : *Dieu vous bénisse*, adressée aux personnes qui éternuent. Ces accès de toux s'expliquent facilement par l'introduction, dans notre atmosphère, des gaz qui constituaient la queue de la comète.

L'origine des comètes paraît être multiple. Le plus grand nombre de celles qui circulent autour de nous se sont probablement formées aux dépens de la nébuleuse solaire, en même temps que les divers globes du système planétaire. Quelques-unes pourraient être, comme le pensent d'éminents astronomes, des éruptions gazeuses lancées avec une très grande force du soleil ou des étoiles. D'autres enfin tirent leur source de la matière cosmique provenant de la rupture des queues cométaires, lors du passage au périhélie ou du choc des corps célestes qui viennent à se heurter. Celles qui se meuvent suivant un arc d'hyperbole courent de système en système, je veux dire d'étoile en étoile, jusqu'à ce que, passant au voisinage d'une grosse planète, l'influence attractive de cette dernière infléchisse leur orbe et le rende elliptique. La destinée commune à toutes les nébulosités errantes est donc de devenir périodique; en d'autres termes, de papillonner autour des grands foyers d'attraction aux limites desquelles elles prennent naissance, de se désagréger, de perdre une partie de leur substance, chaque fois qu'elles passent au périhélie, et finalement de se transformer en essaims de météorites qu'absorbent à la longue les étoiles et les planètes dont elles traversent le système.

Nous avons dit que ces météorites donnent naissance aux phénomènes des étoiles filantes. L'explication est des plus simples. Supposons que la terre rencontre un essaim sur son passage, à une distance qui n'excède pas les limites de l'atmosphère. Ces corpuscules s'échauffent en traversant notre enveloppe gazeuse par la transformation du mouvement perdu en chaleur, arrivent promptement à l'incandescence et, pendant la nuit, offrent l'aspect d'étoiles qui glissent au-dessus de nos têtes avec la rapidité de l'éclair. Leur vitesse est, en effet, de plusieurs kilomètres par seconde. Souvent ils laissent derrière eux une traînée lumineuse, résultat de l'oxydation de leurs molécules. Si le diamètre n'est que de quelques centimètres, ce qui paraît être le cas le plus ordinaire, la combustion est complète et la météorite se transforme en poussière qui ne tarde pas à se répandre sur le sol, et qu'on peut recueillir au sommet des montagnes inhabitées, surtout lorsqu'elles sont recouvertes de neiges éternelles. On ne prêtait d'abord aucune attention à ces débris, mais ils ont acquis une importance capitale dans la mécanique céleste, depuis que les étoiles filantes sont l'objet d'études assidues. Si l'on porte, en effet, à 150,000,000,000 environ le nombre de météorites qui traversent annuellement l'atmosphère, d'après les calculs des observateurs les plus autorisés, on arrive à cette conclusion que leurs poussières, s'accumulant de siècle en siècle, finissent par augmenter le volume et la masse du globe. L'accroissement de volume reste insensible, étant contrebalancé par la contraction que le refroidissement fait éprouver à l'écorce terrestre. Mais le surcroît de masse a pour effet immédiat d'accélérer le mouvement lunaire. D'une façon plus générale, on peut dire que les débris des étoiles filantes, augmentant de siècle en siècle la masse de tous les globes de notre système, accélèrent du même coup la marche des satellites vers les planètes et celle de ces dernières vers le soleil. Ajoutons que les essaims de météorites se pressant en quantité innombrable au périhélie forment un amas assez dense pour réfléchir les rayons du soleil et constituer autour du grand astre une immense zone lumineuse de forme lenticulaire, connue sous le nom de lumière zodiacale. Peu visible dans nos climats brumeux, elle se montre avec un éclat incomparable sous le ciel étincelant des tropiques, et c'est un des spectacles les plus imposants qu'il m'ait été donné de contempler dans les solitudes australes du Nouveau-Monde.

Les étoiles filantes se montrent à toute heure du jour et de la nuit, mais ne sont généralement visibles qu'à la faveur de l'obscurité. A certaines époques qui reviennent périodiquement chaque année, elles se succèdent si rapidement et en si grande quantité qu'on les a quelquefois comparées à des pluies de feu. Les dates les plus remarquables sont celles du 10 août et du 13 novembre. C'est en cherchant à déterminer les orbites suivies par ces courants de météorites que Schiaparelli, de l'observatoire de Milan, reconnut leur origine cométaire, origine qu'il entrevoyait déjà comme conséquence probable de la nature des nébulosités errantes, de la désagrégation qu'elles éprouvent lors du passage au périhélie, de la vitesse des étoiles filantes qui rappellent bien plus celles des comètes que celles des globes planétaires. L'éminent astronome remarqua que l'orbite de l'essaim du 10 août coïncidait avec celle d'une comète périodique, dont la révolution est de 121 ans, et qui passa au périhélie le 27 août 1862, tandis que l'essaim de novembre suivait la route d'une autre comète périodique, dont le cycle est de 33 ans, et qui nous a visité en 1833 et 1866. Il observa, en outre, que la terre coupe ces deux orbites et qu'elle les rencontre précisément vers le 10 août et le 13 novembre. Evidemment, les étoiles filantes qu'on voit à ces époques proviennent des traînées qui précèdent ou suivent les têtes des comètes de 1862 et 1866. Les vues de Schiaparelli furent confirmées de la manière la plus inattendue par les pluies d'étoiles, qui eurent lieu en Europe dans la nuit du 27 novembre 1872 et 1885. La terre traversait alors l'orbite de Biéla, et quelque temps auparavant la tête de la comète était passée au même point. C'était donc la traînée qui lui fait suite que notre globe venait de rencontrer. L'essaim de novembre offre tous les 33 ans un maximum qui donne aux étoiles filantes de cette époque l'aspect d'une véritable pluie de feu. Ce furent Alexandre de Humboldt et Bompland qui, en 1799, furent les premiers témoins de ce curieux phénomène et appelèrent sur lui l'attention du monde savant. Ils se trouvaient alors à Cumana, dans les Andes. Les vieillards du pays leur racontèrent que le même fait s'était produit en 1766, c'est-à-dire 33 ans auparavant. On soupçonna dès lors une périodicité qui fut confirmée par les magnifiques pluies d'étoiles de 1833 et 1866. L'explication du prodige est des plus simples et se présente comme une conséquence naturelle de l'origine cométaire des étoiles filantes. Les maximums ont eu lieu en effet en 1766, 1799, 1833, 1866, c'est-à-dire aux années mêmes où la comète mère, de l'essaim de novembre, est passée au périhélie. C'était par conséquent le noyau ou les parties avoisinantes, c'est-à-dire les moins désagrégées, qui se trouvaient, à ces époques, au voisinage de la terre, et l'épais courant de météorites, que traversait alors notre globe, devait nécessairement amener une averse d'étoiles plus serrée et plus abondante que dans les années ordinaires.

Lorsque l'étoile filante est sensiblement plus grande que les étoiles de premier ordre, elle prend le nom de bolide. Son éclat est alors assez vif pour que, si le ciel est pur, on l'aperçoive en plein jour. On a vu des bolides, dont le diamètre apparent égalait celui de la lune. Rares en temps ordinaire, ils deviennent assez fréquents dans les pluies d'étoiles, surtout aux époques de maximum, comme on peut s'en assurer en lisant la description que Humbold nous a laissée au sujet de l'averse dont il fut témoin à Cumana, en 1799. Les bolides ne se consument pas entièrement comme les étoiles filantes de petit diamètre, bien qu'ils laissent derrière eux une traînée lumineuse, dont l'éclat et la durée dépendent du volume du bolide, de sa vitesse, de sa distance à la terre et de sa composition chimique. Mais sa surface se recouvre d'une couche de vernis formée par l'oxydation des molécules extérieurs. Parfois, il éclate vers le milieu ou à la fin de sa course et se divise en fragments qui tombent sur le sol. Ce phénomène est accompagné d'une détonation qu'on entend à d'assez grandes distances et qu'on peut comparer à des grondements souterrains ou à des décharges d'artillerie, suivies d'un sifflement aigu quand le projectile passe non loin de l'observateur. Le diamètre des plus gros bolides ne dépasse pas quelques mètres, si on en juge d'après le volume et le nombre des fragments qu'on recueille sur le sol. Mais, si les calculs de Halley et de Petit sur les bolides observés en 1718, 1837 et 1841 sont exacts, les diamètres de ces astéroïdes peuvent être beaucoup plus grands et atteindre plusieurs kilomètres. Le premier mesurait 2,500 mètres, le second 2,200, le troisième 3,900; des dimensions si considérables, et les vitesses hyperboliques qui d'ordinaire animent ses globes, font voir en eux, non plus des débris cométaires, mais plutôt des fragments de planètes venus d'un monde voisin du nôtre. La rencontre de tels projectiles avec la terre ne pourrait s'effectuer sans laisser de violentes traces.

Lorsqu'un bolide éclate, les fragments qu'on recueille sur le sol prennent le nom d'aérolites (pierres de l'air). Les chutes de ce genre ont été observées bien des fois depuis l'antiquité, mais, malgré les témoignages les plus précis, l'Académie des sciences n'admit la possibilité d'un pareil phénomène qu'en 1803, à la suite de la mémorable pluie de pierres qui eut lieu à Laigle (Orne), le 26 avril de la même année. Les projectiles tombés sur le sol étaient si nombreux, s'éparpillaient sur une si grande superficie de terrain, et avaient eu tant de témoins, car la chûte s'était produite en plein jour, que la docte assemblée n'osa cette fois invoquer l'argument de Lavoisier : Il n'y a pas de pierres dans le ciel, il ne saurait par conséquent en tomber sur la terre. Elle chargea un de ses membres, Biot, de se rendre sur les lieux, afin de procéder à une enquête. A son retour, Biot étala devant l'Académie les échantillons qu'il avait rapportés, et n'eut pas de peine à convaincre ses collègues. On chercha alors à expliquer l'origine de ces pierres par les éruptions des volcans lunaires, et cette hypothèse appuyée, du nom de Laplace, a régné quelque temps dans la science. M. Daubrée, qui a fait une étude approfondie des échantillons déposés dans la riche collection du Muséum du Jardin des Plantes, a reconnu que leur composition chimique est analogue à celle des matériaux qui constituent l'intérieur de l'écorce du globe, et a conclu que leur formation s'était effectuée dans un milieu dépourvu d'oxygène ou très pauvre en molécules de ce gaz. Cette conclusion s'accorde parfaitement avec l'origine cométaire ou planétaire des aérolites. Le fer paraît y jouer un rôle prépondérant. C'est en prenant ce métal pour base de sa classification que M. Daubrée a établi les 4 types suivants :

1er Type : aérolites ne contenant que du fer associé seulement à un peu de nickel ;

2e Type : aérolites formés d'une pâte de fer dans laquelle sont disséminées des parties pierreuses ;

3e Type : aérolites formés d'une pâte pierreuse dans laquelle sont encastrées des parcelles de fer ;

4e Type : aérolites ne contenant pas de fer.

On ne saurait juger du volume des aérolites par les échantillons déposés dans les collections. La plupart sont de toutes petites pierres, et on en voit très peu mesurant un mètre d'épaisseur et pesant plusieurs quintaux. Mais il en est d'énormes, perdus dans les déserts de l'ancien et du nouveau monde, et connus seulement des voyageurs qui les ont rencontrés. Ceux-là resteront éternellement sur place, leur volume et leur poids rendant le transport impossible. On en connaît qui mesurent 10 ou 15 mètres d'épaisseur, et dont le poids, évalué d'après la densité, atteint 15 ou 20 tonnes, et quelquefois davantage. Ajoutons que ces blocs se multiplient à mesure que les voyages d'exploration deviennent plus fréquents, et qu'il en est peut-être qui nous étonneraient par l'énormité de leurs masses, s'il nous était donné de contempler ceux qui sont enfouis dans les abîmes de l'Océan.

LIVRE III

LA VIE

CHAPITRE Iᵉʳ

STADE ORGANIQUE DES CORPS CÉLESTES. — QUELLES CONDITIONS DOIT REMPLIR UN ASTRE ÉTEINT POUR QU'IL DEVIENNE HABITABLE.

Prenons maintenant un astre au moment où il achève de s'éteindre et où commence pour lui l'ère des ténèbres. Cette phase marque le point culminant de sa carrière, car c'est alors que se manifestent les phénomènes organiques, les plus merveilleux, sans conteste, de tous ceux que nous offre le spectacle de l'Univers. Quelles conditions un tel globe doit-il remplir pour que sa surface se prête à l'action des forces vitales ? L'étude des êtres qui peuplent notre planète, aussi bien que celle des microbes sortis de nos laboratoires, nous montre que ces conditions sont au nombre de trois : un certain degré de température, un milieu générateur et une enveloppe gazeuze. Un mot sur chacun de ces éléments.

Le calorique apparaît comme le premier facteur du monde organique, car personne n'ignore que les plantes comme les animaux ne peuvent exister que dans des limites de température assez resserrées que nous préciserons bientôt. Son rôle est de mettre en mouvement les atomes chimiques qui doivent constituer la cellule. L'eau se présente comme un élément non moins essentiel, car elle remplit une double tâche : d'un côté, en entrant comme partie intégrante dans la structure du tissu vivant, de l'autre en formant le milieu dans lequel se meuvent et s'équilibrent, sous l'impulsion de la chaleur, les molécules organiques. La combustion vitale supposant un échange incessant d'atomes entre certains éléments du sang ou de la sève et le gaz respiratoire, l'atmosphère s'impose comme le troisième facteur de la vie. On sait que plantes et animaux meurent dès qu'on les soustrait au contact de ce fluide. Les organismes obtenus par voie de générations spontanées donnent la sanction expérimentale à ces vues théoriques. L'infusoire exige pour se développer un liquide tenant en dissolution les éléments qui doivent servir à sa formation, une température assez élevée pour mettre ses atomes en mouvement, enfin, des molécules d'oxygène mêlées au milieu générateur. Tous les corps célestes, sans en excepter un seul, remplissent à certain moment de leur parcours la première des conditions que je viens d'énoncer, je veux dire un degré de calorique convenable qui permette aux forces vitales d'entrer en scène. Cette température se trouve comprise entre des limites très étroites qu'il importe de préciser, et en dehors desquelles la formation du tissu cellulaire, ainsi que la circulation de la sève, deviennent impossibles. Les organismes qu'on rencontre dans certaines sources thermales permettent d'évaluer d'une manière assez approchée la première de ces limites, je veux dire la limite supérieure. On connaît en Algérie un petit poisson vivant dans un milieu de 45 degrés centigrades. Des animaux d'une structure moins parfaite que celle des vertébrés peuvent supporter une température plus élevée. Un insecte, l'*hydrobius orbicularis*, habite des eaux accusant 55 degrés au thermomètre. Une algue microscopique, du groupe des conferves, la *sulfuraire*, commence à apparaître entre 61 et 62 degrés. M. Soubeiran, de Montpellier, a trouvé à Olette (Pyrénées-Orientales), des infusoires et des diatomées siliceuses dans une source dont la température est de 78 degrés. Ce savant a également rencontré dans la même source la *barégine*, substance végéto-minérale, qui se dépose vers 55 degrés, mais reste en dissolution dans les eaux sulfureuses plus chaudes. On peut donc fixer à 80 degrés environ la limite supérieure de la température que puisse atteindre, sur notre planète, la genèse du monde organique. Au delà, et à mesure qu'on approche du point d'ébullition, les mouvements moléculaires que la chaleur imprime à tous les milieux qu'elle traverse deviennent trop rapides pour permettre aux atomes chimiques de se grouper d'une façon régulière, afin de constituer la trame si délicate de la cellule. On peut donc établir que la vie élabora ses premiers germes sur le globe lorsque la température de la surface fut descendue à 80 degrés ou vers un point voisin de cette limite. Tout porte à croire qu'il en est de même pour les autres planètes, ainsi que pour les soleils éteints, et en général pour tous les globes refroidis. Quant à la température *minima*, au-dessous de laquelle la vie cesse d'être possible, il est aisé de la déterminer. On sait, en effet, que la végétation s'arrête dès que la sève cesse de monter, c'est-à-dire dès que l'eau se congèle. Ainsi, c'est dans le cadre thermique compris entre 80 et zéro degré centigrade que s'accomplit, sur notre planète, l'acte le plus merveilleux de son évolution à travers les âges : la phase organique. L'analogie montre qu'il doit en être de même pour tous les globes de l'espace.

S'il est permis d'avancer que toute masse cosmique présente, au début de sa carrière obscure, le degré de température propre aux êtres vivants, il n'est pas aussi aisé de déterminer si elle remplit la seconde condition que réclame l'éclosion de la vie, je veux dire un réservoir liquide tenant en dissolution les éléments nécessaires à la formation et à l'entretien des tissus organisés. Comme les forces chimiques, dont elles sont une variante, les forces vitales n'entrent en jeu que lorsqu'elles peuvent se mouvoir librement dans un milieu fluide. On sait que le premier soin de l'expérimentateur, qui veut obtenir un sel ou tout autre composé, est de dissoudre les éléments qui doivent servir à la formation du précipité. Il en est de même pour les infusoires qu'on cherche à produire dans certaines fermentations. C'est toujours un liquide qui constitue la condition première de la vie. Cette grande loi de la nature avait été entrevue par la philosophie grecque, et, dès le VIe siècle avant notre ère, Thalès enseignait que l'eau est le principe de toute chose. La paléontologie a donné à cette manière de voir la certitude d'une vérité scientifique, en démontrant que les fossiles exhumés des plus anciens terrains de sédiment sont des débris d'animaux aquatiques. D'autre part, il a été établi, par les recherches de l'embryogénie, que tout animal reproduit dans son évolution fœtale la série des phases qu'a subie l'espèce, depuis son apparition sur la planète jusqu'à nos jours. Or, il résulte des délicates investigations de l'anatomie comparée que le squelette des vertébrés rappelle, à l'époque de sa formation embryonnaire, celui de l'*amphioxus*, le plus rudimentaire des poissons. C'est donc en s'appuyant sur les données biologiques les mieux fondées que les naturalistes, rajeunissant l'axiome de Thalès, ont pu dire de nos jours : Toutes les espèces sont filles de l'Océan. Oui, c'est du sein des mers que sont sortis tous les êtres organisés ; c'est dans ce milieu que la vie n'a cessé de déployer son action depuis les premiers âges géologiques ; c'est dans ses profondeurs que s'éteindront les derniers représentants de la faune tellurique, le jour où la disparition de notre grand luminaire aura figé la surface des océans et sonné le glas funèbre de la planète.

Quand on contemple la vaste nappe d'eau qui recouvre plus des trois quarts de la surface terrestre, on incline à penser que cet élément est très répandu dans la nature, et qu'il se trouve en quantité plus ou moins grande sur tous les globes refroidis, hypothèse d'autant plus admissible que ces globes ont même origine, même destinée, même composition chimique. Toutefois, l'observation directe vient donner un démenti à cette manière de voir. Si le spectroscope accuse la présence de la vapeur d'eau dans les atmosphères des planètes et sur divers soleils en voie d'extinction, il n'en découvre aucun vestige à la surface de la lune, bien que, par sa faible distance de la terre, cet astre soit le mieux approprié à la perception d'un tel phénomène. On peut objecter, il est vrai, que l'eau a existé autrefois à la surface de notre satellite ; qu'elle s'est infiltrée dans le sol à mesure du refroidissement de ce dernier, et que des traces de vapeur aqueuse planent peut-être encore au fond des vallées lunaires. Mais ce cas particulier ne saurait, en bonne logique, s'appliquer à tous les exemples de ce genre, et la manière dont l'eau se forme sur les globes, en voie de refroidissement, indique assez que dans certaines circonstances déterminées cet élément peut faire défaut. On sait que toute étoile présente, au début de sa carrière, une grande quantité d'hydrogène, et les récentes découvertes de la physique et de la chimie autorisent à penser que c'est aux dépens de ce gaz, et par condensations successives, que se forment les divers corps simples, au fur et à mesure du refroidissement de la masse. On sait aussi que le rôle de l'oxygène, dès qu'il a fait son apparition, est d'oxyder métaux et métalloïdes, chaque fois que l'abaissement de température lui permet d'entrer en combinaison avec eux. Le spectroscope nous fait assister à ces oxydations lointaines, d'autant plus nombreuses et d'autant plus apparentes que l'étoile, qui en est le siège, approche davantage de son extinction. La combinaison de l'hydrogène avec l'oxygène forme la vapeur d'eau qui, se condensant à mesure que la température s'abaisse, se dépose en nappe liquide sur la surface du globe encroûté. Cette combinaison étant une des dernières à se produire, il peut arriver que, par suite de circonstances difficiles à préciser, les oxydations des métaux et des métalloïdes aient absorbé tout l'oxygène contenu dans la masse, et qu'il ne reste plus de molécules de ce gaz, au moment où il aurait acquis le degré de température convenable pour se combiner avec l'hydrogène. Il est donc rationnel d'admettre, si l'on veut tenir compte de toutes les conditions qui entrent dans le problème si complexe de l'oxydation des éléments chimiques d'un astre, que la genèse de l'eau peut faire défaut, et qu'il existe par conséquent des globes sur lesquels la vie est à jamais impossible, à moins toutefois que leur surface ne contienne un autre liquide pouvant servir de milieu générateur.

La troisième condition que doit remplir un astre éteint, pour qu'il se recouvre d'êtres organisés, est l'existence d'une atmosphère. Le rôle de cette enveloppe fluide paraît multiple. Sa pression sur les océans maintient l'évaporation de l'eau dans d'étroites limites et empêche ainsi le milieu vital de se dissiper en vapeur. Elle garantit les espèces vivantes contre les uranolithes, qui les broieraient infailliblement, sous les coups d'une artillerie incessante, si une épaisse couche gazeuse ne les arrêtait au passage en les transformant en poussière. Sur un globe qui a rayonné tout son calorique, mais qu'illumine un soleil, l'atmosphère prolonge la durée du stade organique en emmagasinant pendant le jour les rayons de l'astre bienfaisant et ralentissant leur déperdition nocturne. Elle joue enfin un rôle capital dans l'acte de la vie, en fournissant l'acide carbonique aux plantes, l'oxygène, à la fois aux plantes et aux animaux. Ce dernier gaz exerce, en outre, sur les destinées de l'arbre zoologique, une action qu'il importe de signaler. Sous son influence, nombre d'espèces aquatiques éprouvent, dans le cours des âges, des métamorphoses qui les transportent dans une nouvelle existence et un nouveau milieu. Les vertébrés de nos mers primitives, ainsi qu'il ressort des recherches de la paléontologie comparée, offraient un renflement de l'œsophage qui communiquait par un orifice avec les fosses nasales; chez quelques-uns, cette ouverture se ferma avec le temps pour constituer la vessie natatoire des poissons. Chez ceux qui vivaient à la surface des eaux l'air atmosphérique, entrant par intervalle dans les narines, pénétrait jusqu'à la poche œsophagienne et la transformait insensiblement, d'abord en sac pulmonaire, puis en poumons. La plupart des espèces, qui étaient le siège de ce travail physiologique, voyaient se modifier leurs membres en même temps que leur appareil respiratoire. Se tenant près du rivage, elles essayaient de s'y traîner à mesure que leur système de locomotion leur permettait cet exercice, et disaient adieu à l'océan, le jour où la marche était assez assurée pour leur permettre de soutenir sur le continent le combat de la vie. Transplantées d'un milieu liquide dans un milieu gazeux, les espèces éprouvaient une métamorphose complète. C'était une faune nouvelle succédant à la faune primitive. Ces tranformations ne sauraient être exclusives à notre planète et doivent nécessairement se reproduire sur tous les globes qui se trouvent placés dans des conditions analogues, je veux dire qui sont pourvus d'une atmosphère oxygénée.

Ici se dresse un point d'interrogation. Tout astre éteint est-il recouvert d'une enveloppe fluide ? Avant d'y répondre, il convient d'analyser l'origine et la nature des éléments contenus dans l'atmosphère terrestre. Disons d'abord qu'elle est formée de gaz qui échappèrent aux actions chimiques de la période ignée, ou qui restèrent en excès. Ce sont l'azote, l'oxygène, et un peu d'acide carbonique, auxquels il faut ajouter une certaine quantité de vapeur d'eau provenant de l'évaporation des mers. Un travail analogue d'oxydations et de groupements atomiques s'opérant sur tous les globes, on peut poser en principe que chacun d'eux possède, lorsque sa surface est suffisamment refroidie, un reste de gaz ou de vapeur formant enveloppe. Cette dernière varie dans ses proportions, ainsi que dans la nature des éléments constitutifs ; toutefois, elle ne disparaît jamais complètement, même sur la lune, qu'on a cherché en vain à priver de traces atmosphériques. Mais si tout astre éteint s'entoure peu ou prou d'une couche gazeuse, il ne s'ensuit pas que celle-ci se prête toujours à l'action vitale. Il suffit de rappeler que le rôle physiologique de l'atmosphère terrestre se trouve resserré dans les limites si étroites que la plus légère modification, dans la nature ou les proportions de ses éléments, la rendrait impropre à l'entretien des êtres organisés. Si l'oxygène n'était pas mêlé à une forte quantité de gaz neutre, tel que l'azote, destiné à en modérer la dévorante énergie, l'acte respiratoire deviendrait une véritable combustion qui consumerait rapidement la machine vivante au lieu de l'alimenter. Des gaz vénéneux ou irrespirables, comme l'oxyde de carbone ou le chlore, peuvent faire partie de l'atmosphère et, dès lors, les espèces terrestres ne sauraient éclore ; si l'acide carbonique, nécessaire à la formation du tissu végétal, venait à faire défaut, la vie animale deviendrait impossible, la base de son alimentation étant la plante. Il en serait, à plus forte raison, de même si l'enveloppe gazeuse manquait d'oxygène. Par contre, des organismes d'ordre inférieur peuvent évoluer dans un milieu privé de ce gaz. D'après les recherches de M. Pasteur, un des agents de la fermentation butyrique, le *Bacillus Amylobacter* vit dans l'acide carbonique, et meurt dès qu'on laisse entrer dans le liquide, qui lui sert de milieu, quelques bulles d'air; l'oxygène n'est donc pas rigoureusement essentiel à l'action organique. Il est à présumer que de nouvelles découvertes agrandiront encore le domaine des forces biologiques. La vie de notre planète n'est, en effet, qu'une ébauche écourtée de la vie universelle, et cette dernière ne saurait avoir de limite, car son cadre est l'infini.

Résumons-nous. Des considérations qui précèdent, il ressort que la phase organique se présente comme conséquence naturelle du refroidissement de tout corps céleste d'une certaine masse. Il suffit que sa surface soit pourvue d'un milieu générateur, en d'autres termes d'un réservoir liquide, condition qui se trouve remplie chaque fois qu'après l'oxydation des métaux et des métalloïdes, il reste un excès d'oxygène pour brûler l'hydrogène répandu dans l'atmosphère de l'astre en voie d'extinction. Les forces vitales s'éveillent dès que la température descend vers 80 degrés centigrades, mettent en mouvement les molécules gazeuses ou minérales dissoutes dans l'eau des mers, les travaillent, les transforment jusqu'à ce que se produise la cellule organique. Si l'astre éteint est entouré d'une enveloppe aérienne, pourvue d'un gaz respirable, une partie de la faune aquatique quitte le fluide nourricier, poussée par une attraction inconsciente vers l'élément vital contenu dans l'atmosphère, et, sous l'influence d'un nouveau milieu, prend une physionomie toute différente. Les globes obscurs se classent ainsi en trois groupes. Le premier comprend tous ceux qui sont dépourvus d'eau ou de tout autre liquide pouvant servir de milieu générateur. On peut l'appeler le groupe des globes azoïques, d'après une expression empruntée à la géologie. Dans la seconde classe se rangent ceux dont la surface contient des océans au-dessus desquels plane une masse gazeuse irrespirable. La population aquatique qui s'y développe est, suivant toute probabilité, d'ordre inférieur, et, dans tous les cas, ne peut fournir des espèces terrestres. Viennent enfin les globes pourvus d'une enveloppe gazeuse respirable qui transforme, dans le cours des âges, certaines espèces maritimes en espèces continentales. Ce dernier groupe est apparemment le moins nombreux.

Un mot maintenant sur la durée du stade organique. Ce cycle varie évidemment dans chaque corps céleste suivant son volume, l'épaisseur de l'atmosphère et son degré de conductibilité pour la chaleur. En thèse générale, on peut dire qu'un globe se refroidit d'autant plus rapidement qu'il est de moindre masse. Dès lors, la vie aérienne ne saurait se manifester sur les astres de courts diamètres et éloignés des étoiles, le temps leur faisant défaut pour transformer les espèces océaniques. Un refroidissement lent suppose un globe d'un certain volume, je veux dire une grosse planète comme Jupiter, ou un soleil comparable au nôtre. Toutefois, un corps céleste de diamètre médiocre peut atteindre la seconde étape de la phase organique, s'il se trouve au voisinage d'une puissante étoile qui, illuminant sans cesse la moitié de sa surface, lui restitue pendant le jour le calorique qu'il rayonne durant la nuit : telle est la Terre.

Ici se présente un nouveau facteur de la vie, la lumière. On connaît le rôle capital que joue cet agent dans l'économie des êtres organisés, notamment dans la formation du tissu végétal. Plantes et animaux s'étiolent dès qu'on les soustrait à l'action vivifiante des rayons solaires, et si cette séquestration se prolonge la plupart s'atrophient et meurent. Il est donc naturel qu'on ait considéré la lumière comme l'élément par excellence de la genèse organique. C'est sous l'empire de cette manière de voir que M. Faye, analysant dans l'annuaire du bureau des longitudes de 1874 les conditions astronomiques de la vie, n'accepte comme globes habitables que ceux qui sont illuminés par une étoile. Évidemment, dit le savant académicien, la vie ne peut se rencontrer que sur un globe déjà froid, associé à un autre corps chaud, plus ou moins voisin, qui lui fournit, à dose modérée, la chaleur indispensable sans la faire sortir de limites très étroites. Partant de cet *a priori*, M. Faye exclut de la phase organique non seulement tous les soleils éteints, mais encore le plus grand nombre des planètes ; les unes parce qu'elles ne reçoivent qu'une lumière incomplète, l'étoile qui éclaire étant trop petite ou variable, ou manquant de certains rayons lumineux nécessaires au développement des êtres organisés ; les autres parce que l'axe de rotation étant trop faiblement incliné sur le plan de l'orbite amène des hivers dont la rigueur arrête la marche des forces vitales. Dans le cortège solaire, il ne trouve, en dehors de la Terre, que deux planètes, Mars et Vénus, qui lui paraissent offrir, sous certaines réserves, les conditions tnormales de la vie. Ces restrictions, parfaitement légitimes quand on n'a en vue que la cime et les branches les plus élevées de l'arbre zoologique, je veux dire les espèces animales qui vivent sur les continents, ne sauraient s'appliquer aux êtres inférieurs qu'engendre le milieu océanique sur les globes obscurs, l'expérience ayant démontré que le calorique obscur met en action les forces organiques aussi bien que la lumière. La méprise de l'éminent astronome est d'autant plus excusable qu'à l'époque où il écrivait sa notice scientifique, les naturalistes eux-mêmes ne pensaient pas autrement. Il était d'axiome que la vie ne peut se manifester dans un milieu ténébreux. On citait, il est vrai, des grottes où l'on rencontre des insectes vivant dans l'obscurité la plus complète. Quelques-unes renferment des étangs peuplés de poissons sans yeux. Ces diverses espèces suppléent à l'absence de la vue par un développement anormal ou une sensibilité excessive des organes de l'ouïe, de l'odorat, ou du tact, qui leur permet de se mettre en rapport avec le monde extérieur, de poursuivre la proie qu'elles guettent, de fuir le danger qui les menace. On savait également que certaines plantes végètent dans des lieux privés de lumière. Le docteur Garrigou avait signalé l'existence de gros champignons dans les galeries souterraines creusées pour le captage des eaux de Luchon, et personne n'ignore que les maraîchers des environs de Paris cultivent dans les caves les espèces comestibles de ce cryptogame. Mais de telles exceptions n'étaient aux yeux des hommes de science que des caprices des forces biologiques, *lusus naturæ*, n'infirmant en rien le principe qu'ils avaient posé. Un événement des plus inattendus montra tout à coup que la vie peut atteindre toute sa puissance d'action sans l'aide

de l'agent lumineux, rappelant ainsi une fois de
plus combien la nature se rit du pygmée humain lorsque ce dernier essaie de la mesurer à
sa taille. Ce fut la rupture du câble télégraphique qui relie l'Algérie à la Sardaigne. Les explorations des ingénieurs, chargés de reconnaître les causes de cette rupture, apprirent qu'elle
s'était produite au fond d'une vallée sousmarine, située à 2,500 mètres au-dessous du
niveau de la Méditerranée. Les tronçons du câble, ramenés à la surface, étaient recouverts en
partie de diverses espèces de mollusques ou
de zoophites. La présence de ces animaux à
de si grandes profondeurs paraissait d'autant
plus extraordinaire, qu'outre l'absence complète de lumière, il fallait tenir compte de l'énorme pression de la masse liquide, pression
évaluée à environ 250 atmosphères. Toutefois,
bien que M. Milne Edwards fils, à qui on avait
remis ces tronçons, eût porté connaissance de
ce fait devant l'académie des sciences, on ne
s'intéressa en France à la question de la faune
sous-marine que quelques années plus tard,
lorsque les explorations de M. de Folin eurent
définitivement attiré l'attention du monde savant, déjà mise en éveil par les recherches que
les marins de la Suède, des Etats-Unis et de
l'Angleterre avaient entreprises dans le même

but. Désireux de seconder des investigations si précieuses pour l'avancement des sciences biologiques, le ministre de la marine mit, en 1880, un aviso à vapeur de l'État, le *Travailleur*, à la disposition d'un petit groupe de naturalistes chargés d'étudier la distribution de la faune sous-marine aux diverses profondeurs de l'océan. Depuis cette époque, des croisières ont eu lieu chaque année au golfe de Gascogne, dans la Méditerranée et l'Atlantique. Les résultats ont dépassé toutes les prévisions. La drague du *Travailleur* a ramené un monde d'animaux inconnus vivant à des profondeurs qui, dans le golfe de Gascogne, atteignent parfois plus de 5,000 mètres. Au dire des naturalistes qui recueillaient et classaient ces espèces, nombre d'entre elles rivalisent avec celles qui habitent la surface des eaux, soit par le fini et l'élégance de leur structure, soit par l'éclat des nuances qui les colorent. Il est à présumer que des explorations ultérieures amèneront des découvertes non moins importantes à des profondeurs encore plus considérables.

Inutile d'ajouter que le milieu dans lequel sont plongés ces animaux leur imprime une organisation spéciale. Quelques-uns ont des yeux phosphorescents qui illuminent les régions qu'ils parcourent. Chez d'autres, la phosphorescence s'étend sur tout le corps. Ceux qui sont privés de l'organe de la vue y suppléent, comme les animaux des grottes, par un développement excessif des autres sens. Les crustacés, par exemple, rappellent fréquemment par la longueur démesurée de leurs antennes, celles qu'on observe chez certains insectes troglodytes. Ainsi, plus on pénètre dans les mystères de la vie, plus on voit reculer les bornes de son domaine, si bien que l'imagination la plus hardie ne saurait assigner de limites à son intarissable activité. Les découvertes de M. Pasteur démontrent qu'elle peut se produire dans un milieu dépourvu d'oxygène ; les explorations sous-marines établissent, de leur côté, qu'elle peut également se manifester en l'absence des rayons solaires. L'évolution fœtale confirme ce double fait en montrant que l'embryon se développe dans un milieu privé à la fois d'air et de lumière. Il suffit d'une masse liquide possédant une certaine quantité de calorique obscur, et tenant en dissolution quelques molécules gazeuses ou minérales, pour mettre en éveil l'action organique. Tel est le cas de tout astre éteint, chaque fois que sa surface est recouverte d'une nappe aqueuse. S'il est permis d'appliquer à ces globes lointains les analogies les mieux fondées, on peut voir dans chacun de leurs océans le siège d'une action vitale aussi puissante que celle qui s'exerce sur les planètes illuminées par un soleil, bien que sur les globes obscurs et privés du voisinage d'une étoile la vie paraisse limitée dans ses manifestations. Ajoutons que la durée du cycle organique est beaucoup plus longue sur ces globes qu'on ne le supposerait au premier abord, car, après que la surface des mers a été figée par le froid, les espèces continuent à se perpétuer pendant une longue suite de siècles sous cette calotte de glace qui les garantit contre le rayonnement des espaces célestes, tandis qu'elles se réchauffent au voisinage du feu central.

CHAPITRE II

L'ESPÈCE HOMO A-T-ELLE DES REPRÉSENTANTS SUR LES AUTRES PLANÈTES, ET, EN GÉNÉRAL, SUR LES GLOBES HABITABLES ? — EXISTE-T-IL DES HUMANITÉS SUPÉRIEURES QUI AIENT INAUGURÉ L'ÈRE DE LA SCIENCE ET FONDÉ LE RÈGNE DE LA JUSTICE ?

Dans la mêlée des espèces rivales qui se disputent, sous nos yeux, l'épiderme terrestre pour soutenir le combat de la vie, il en est une admirablement organisée, tant pour l'attaque que pour la défense, qui a fait des autres ses vassales. C'est l'espèce *homo*. Elle a pour caractères la station verticale, un grand développement de l'encéphale et, par suite, de puissantes facultés mentales qui se traduisent dans l'espace par la parole, dans le temps par l'écriture, et ont pour auxiliaire un instrument d'une souplesse incomparable, la main. Ce merveilleux organe, transformé en outil, après avoir servi comme arme à assurer à son possesseur la conquête de la planète, est devenu le grand levier de la civilisation. Mais des destinées encore plus hautes étaient réservées à notre bimane. Son entendement épuré et agrandi par la science est devenu le miroir dans lequel la nature reflète avec une majestueuse sérénité les sublimes harmonies de l'Univers. Envisagé à ce point de vue, le pygmée humain prend des proportions titaniques, car c'est aux rayons de sa conscience que s'illumine la création. Ne soyons pas surpris si, saisi de vertige au milieu de tant de grandeurs, il s'est cru le centre et le pivot des mondes qui l'entourent. Cet être extraordinaire a-t-il des cousins plus ou moins éloignés sur les divers globes de l'espace ? Existe-t-il des humanités autres que l'humanité tellurienne, je veux dire des espèces rappelant la nôtre, moins par la physionomie et le mode de structure qui peuvent varier avec le milieu, que par des facultés cérébrales assez marquées pour s'élever à l'abstraction scientifique et à la notion de justice ? Est-il enfin des êtres mieux doués que nous qui, au lieu de balbutier péniblement devant le grand livre de la nature, ainsi que nous l'avons fait jusqu'ici, en lisent couramment les pages, et ont substitué dans les rapports sociaux les formules de la science aux bégaiements de l'empirisme ? Essayons de répondre à ces points d'interrogation.

Disons d'abord que le développement de notre espèce ayant eu lieu sous l'influence directe de l'action solaire, l'agent lumineux est un facteur essentiel de l'organisme humain. Il ne saurait donc exister des représentants du genre *homo* sur les globes obscurs proprement dits, en d'autres termes sur les soleils éteints, trop éloignés des étoiles pour jouir des avantages de l'illumination. Du reste, la nuit éternelle qui recouvre ces globes fait promptement de la surface des océans une couche de glace au-dessus de laquelle toute vie est impossible. Dans de telles circonstances, les espèces aquatiques à respiration branchiale, qui vivent dans les profondeurs des mers, ne pouvant se transformer en espèces à respiration pulmonaire, c'est en vain, croyons-nous, qu'on chercherait des mammifères terrestres sur de tels mondes. A plus forte raison, serait-il puéril d'y chercher des êtres offrant un certain développement de l'encéphale, la marche progressive de cet organe étant d'une lenteur qui rappelle celle des âges géologiques, ainsi qu'il résulte de l'étude comparée des fossiles. Nous devons donc borner notre examen aux globes illuminés par un soleil central, c'est-à-dire aux planètes. Mais ici encore se présentent de nouvelles restrictions. Une grosse planète ne se refroidissant que d'une manière très lente, il peut arriver, si elle se trouve à une certaine distance du foyer central, que ce dernier, refroidi lui aussi en partie, ne lui envoie que des rayons insuffisants au moment où sa surface pourrait devenir le théâtre des phénomènes de la vie. Cette planète aura alors le sort des globes obscurs proprement dits, et ne pourra être habitée que par une population aquatique, cherchant au fond des mers la température que réclame l'entretien de la vie. Tel paraît être le cas de Jupiter, s'il est vrai, comme le prétendent quelques astronomes, que l'éclat de son disque surpasse celui que lui assigne le calcul, eu égard à sa distance au soleil. L'intensité de cet éclat a tellement frappé certains observateurs, qu'ils lui ont donné le nom de *lumière propre* de Jupiter. Boucheporn est explicite à cet égard, et, fidèle à son principe de ramener tous les phénomènes astronomiques aux vibrations de l'éther, il explique celui-ci par l'impulsion que la rotation rapide de la planète imprime à ce fluide. Mais si l'on considère l'énorme volume du globe jovien, — 1,230 fois plus considérable que celui de la terre, — il est plus rationnel d'admettre que cet excès d'éclat provient d'un reste d'incandescence assez sensible pour être appréciable à nos moyens d'observations, et qui paraît correspondre, dans l'échelle des températures, à cet âge intermédiaire qui sépare la période ignée de celle du calorique obscur. Dans de telles conditions, aucun organisme ne s'est encore produit sur Jupiter, et quand sa surface sera assez refroidie, pour permettre à la vie de peupler ses océans, l'arbre zoologique ne recevra plus du soleil assez de lumière pour dresser ses branches supérieures et sa cime terminale. Il est probable qu'il en est de même de Saturne, peut-être aussi d'Uranus et de Neptune.

Ces restrictions faites, il reste encore une quantité incalculable de globes habitables; car le nombre des planètes est infini comme celui des étoiles autour desquelles elles gravitent. Supposons que tous ces mondes présentent des conditions normales d'illumination, de mers et d'atmosphères pour donner naissance à une faune continentale, libre d'évoluer dans le cours des âges, suivant la loi Darwienne de la transformation des espèces. Cette faune aboutira-t-elle à des représentants de l'ordre des bimanes? On n'oserait l'affirmer, du moins dans le plus grand nombre de cas. Les coefficients qui entrent dans la mise en équation du problème de la vie sont de nature trop complexe pour que chaque monde organique puisse découler d'une même formule. On peut, il est vrai, poser en principe qu'il existe une certaine unité de structure, comme qui dirait un air de famille, dans les organismes de différentes planètes appartenant à un même système solaire. Mais cette unité disparait bien vite sous les divergences extérieures qui résultent de la diversité des milieux. On se rend aisément compte de cette grande loi biologique par les aspects variés que présente la flore et la faune de notre planète aux diverses latitudes. Il suffit de rappeler les différences profondes qu'on observe entre les plantes des tropiques et celles des régions polaires, entre les animaux de l'ancien monde et ceux du nouveau, entre les espèces d'Europe et celles de l'Australie. La physionomie des divers représentants d'une même famille, soit végétale, soit animale, est parfois si profondément modifiée en passant d'un continent à un autre que l'unité de structure elle-même semble atteinte. Que sera-ce si nous changeons de globe, c'est-à-dire si nous nous transportons dans des milieux complètement différents du nôtre ? Ici, toutes les composantes de l'action vitale sont plus ou moins altérées : intensité de la pesanteur, pression atmosphérique, proportion du gaz respirable, densité et nature du terroir, composition des éléments dissous dans l'eau des mers, distance au foyer central, etc. Prenons par exemple l'atmosphère. Sa composition est des plus variables, tant à cause du nombre et des proportions des gaz qui la constituent que de leur nature, et il serait téméraire de supposer qu'il existe dans tout l'Univers deux corps célestes absolument identiques à cet égard.

Sur la terre, la quantité d'oxygène ne peut osciller que dans des limites très resserrées, en dehors desquelles la vie des mammifères et des oiseaux devient impossible. Il suffit de rappeler le malaise qu'on éprouve quand on a passé quelques heures, au sein d'une réunion nombreuse, dans une salle imparfaitement aérée. La rupture d'équilibre des fonctions respiratoires gagne de proche en proche tout l'organisme, et l'asphyxie deviendrait complète si cet état de choses se prolongeait trop longtemps. Il n'a été besoin, pour amener ces désordres physiologiques, que de la transformation par le travail pulmonaire d'une faible quantité de l'oxygène contenue dans la salle en vapeur d'eau et en acide carbonique. Les annales géologiques de notre globe constatent, dans la flore et la faune des premiers âges, un fait non moins instructif. On sait que la végétation de l'époque houillère était caractérisée par une puissance de sève qu'on ne rencontre plus aujourd'hui que sous le soleil de l'équateur. De l'avis de tous les naturalistes, la cause principale de cette exubérance vitale était due à la présence, dans l'atmosphère de cette époque, d'une quantité d'acide carbonique plus grande que de nos jours. Par contre, on n'a jamais trouvé parmi les débris d'animaux fossiles du terrain houiller que des espèces appartenant au bas de l'échelle zoologique, et les types d'ordre élevé n'ont fait leur apparition que lorsque l'air atmosphérique, épuré par le travail de la végétation, a été débarrassé de son excès d'acide carbonique. Nombre de planètes doivent donc être rayées de la liste de celles qui peuvent être habitées par des races humaines, bien que leur enveloppe gazeuse se prête à la vie de certaines espèces continentales. Les éléments du terroir sont aussi variables que ceux de l'amosphère. Le sol peut être d'une composition chimique qui le rende impropre à l'essor de la plante. Sous le soleil des tropiques cette difficulté est levée par l'activité des forces vitales qui s'accommodent de toutes sortes de terrains, même des roches les plus dures, dès qu'elles sont imprégnées d'un peu de pluie. J'ai vu dans les forêts de l'Amérique du Sud des palmiers s'élancer fièrement de blocs de granit autour desquels ils se cramponnaient par leur racines, ne vivant pour ainsi dire que d'eau, d'air et de lumière. Mais il n'en est plus de même sur les globes qui ne reçoivent que des rayons solaires de faible intensité. Si la nature du terroir ne se prête pas à l'élaboration de la sève, la végétation reste à peu près nulle et ne peut alimenter qu'une faune aussi chétive qu'elle.

La densité du sol se reflète également dans la structure de la cellule organique. Il est des planètes, comme Mercure, plus lourdes que la terre, et d'autres, comme Saturne, plus légères que l'eau. La faune et la flore qui s'alimentent à des milieux de natures si dissemblables doivent offrir nécessairement des divergences dans la contexture des tissus, surtout du tissu cérébral, le plus délicat de tous. On le voit, plus on serre la question de près, plus on se convainc qu'il est difficile de rencontrer sur un même globe toutes les conditions nécessaires à l'évolution de l'être pensant.

On peut vérifier en quelque sorte expérimentalement les faits que nous venons d'analyser, si l'on passe en revue les principales planètes de notre système. Il faut d'abord exclure Mercure, dont la faible distance au soleil a empêché jusqu'ici la formation des êtres organisés, sauf peut-être dans les mers polaires, et qui, d'ailleurs, à raison de son petit volume, n'aura jamais que des espèces naines, si on les compare aux espèces terrestres. Mars, qui, après Vénus, est de toutes nos sœurs de l'espace celle qui se rapproche le plus de la terre par son volume, sa distance au soleil et peut-être aussi sa constitution physique, ne saurait cependant offrir que très peu de rapports avec notre globe, au point de vue du monde organique. Son aspect rougeâtre indiquant un sol fortement ocreux ne peut alimenter qu'une végétation des plus chétives, par suite une faune plus pauvre encore, et les quelques espèces qui se font jour sur ce sol inclément doivent refléter dans leur physionomie la nature du terroir ; même conclusion, si l'on considère l'exiguité de ce globe. On sait que le volume de tout organisme dépend de celui du milieu dans lequel il se développe. Cette loi se vérifie journellement dans les expériences de génération spontanée. Les dimensions des infusoires sont toujours en rapport avec celles du vase qui contient le liquide nourricier. Plus ce vase est grand plus on voit augmenter le diamètre des animalcules ou des plantules qui y prennent naissance. Payer (*Eléments de botanique cryptogamique*) a fait des remarques analogues au sujet des espèces maritimes. Celles de la Méditerranée sont plus petites que celles de l'Atlantique, et ces dernières le cèdent à leur tour en volume à celles du Pacifique. Les algues du grand Océan l'emportent sur celles de toutes les autres mers. On sait, d'autre part, que les animaux terrestres de l'ancien continent sont plus grands que ceux du nouveau. On peut donc établir que Mars, dont le volume n'est que le septième environ de celui de la terre, nourrit une faune beaucoup plus petite que la nôtre. Dans de telles conditions, l'espèce humaine ne serait représentée que par des pygmées qui s'élèveraient difficilement au rang de race noble, à raison de leur faiblesse physique et par suite d'une certaine infériorité cérébrale. Par contre, nos baleines et nos cachalots paraîtraient des animalcules auprès des colosses qui peupleraient les solitudes de Jupiter, si ce globe était habité. Mais, ainsi que nous l'avons déjà observé, maintes circonstances font supposer qu'à raison de son énorme masse, cette planète n'est pas encore assez refroidie pour entrer dans la phase organique. D'ailleurs, d'autres difficultés se présentent si l'on tient compte des actions perturbatrices qui résultent d'un côté des satellites, de l'autre de la vitesse de rotation de la planète. Cette vitesse, deux fois et demie plus considérable que celle de la terre, amène nécessairement dans les régions équatoriales des alizés d'une violence extrême. Quant aux satellites, on pourra se faire une idée de leurs effets en se rappelant ceux que la lune produit à la surface terrestre, et en les décuplant pour tenir compte du nombre des globes qui entourent Jupiter, de leur volume et de la fréquence des marées qu'ils produisent. N'oublions pas que le troisième de ces satellites, Ganymède, est une véritable planète puisqu'il surpasse Mercure en grandeur, et que l'action perturbatrice de ces globes est proportionnelle à leurs masses. Un écho perpétuel de cyclones d'une puissance de destruction dont nous ne saurions nous faire une idée, telle paraît être la physionomie de la surface du colosse jovien ; et, dans un milieu si bouleversé, peut-on admettre l'existence d'êtres organisés, sauf dans les profondeurs des océans que n'atteignent pas les agitations extérieures.

Ce que nous venons de dire de ce monde étrange peut s'appliquer à Saturne qui, par son volume, sa vitesse giratoire et son cortège de satellites, a les plus grandes analogies avec Jupiter. Etant de masse moindre et se trouvant situé à une plus grande distance du soleil, le globe saturnien s'est refroidi plus vite, et il est à présumer que la vie a fait son apparition dans ses mers ; mais la nature du sol qu'on croit plus léger que l'eau, la violence des alizés et les perturbations satellitaires sont autant d'obstacles à l'évolution des espèces continentales. La faune terrestre d'Uranus est tout aussi problématique, du moins dans les types supérieurs, si l'on tient compte de l'inclinaison de l'axe de rotation qui semble couché sur le plan de l'orbite. La révolution de la planète autour du soleil s'effectuant en 84 années, il s'ensuit que chaque hémisphère subit tour à tour une illumination de 42 ans et une nuit de même durée. Dans de telles conditions la vie ne paraît possible qu'au fond des océans, et ce globe doit être rayé du nombre des astres habitables. J'en dirai autant de Neptune qui reçoit 900 fois moins de chaleur et de lumière que nous, quantité tout à fait insuffisante pour faire évoluer une faune analogue à la faune terrestre.

De tous les globes qui composent la famille solaire, il n'en est donc qu'un, Vénus, dont la physionomie se rapproche assez de celle de la terre pour qu'on puisse supposer quelques similitudes dans les espèces de ces deux mondes. Encore convient-il d'ajouter que notre voisine étant au début de sa carrière organique, je veux dire dans une période géologique rappelant notre ancienne végétation houillère, si jamais elle compte dans sa population un cousin plus ou moins éloigné du bimane humain, il n'arrivera, suivant toute probabilité, à l'âge adulte que lorsque son aîné tellurien sera sur le point de disparaître sous la double étreinte du froid et de la vieillesse.

S'il nous était permis de passer en revue les

autres systèmes solaires, il est à présumer que chacun d'eux présenterait des exclusions non moins nombreuses que celles que nous venons de signaler dans le nôtre, et que nous y trouverions peu de planètes habitées par une race noble. Il est même à remarquer que certaines régions du ciel en sont complètement dépourvues, je veux parler des étoiles colorées. Nous avons dit que la coloration des rayons lumineux n'entrave pas l'éclosion de la vie. Il peut même se faire que certains d'entre eux, le rouge par exemple, favorise l'activité vitale de quelques espèces de plantes ou d'animaux, de même que les rayons ultra-violets favorisent l'activité chimique. Mais c'est au sein de la lumière blanche qu'a évolué le bimane tellurien, et nul doute qu'il n'ait emprunté à cet agent quelque chose de sa physionomie. Il est, dès lors, à présumer que ce milieu est nécessaire à tous les représentants de cette espèce, et qu'il serait inutile de le chercher ailleurs que sur les planètes illuminées par une étoile blanche. Au résumé, l'être pensant est une fleur délicate qui ne se montre que sous un ciel privilégié et dans des conditions exceptionnelles de terroir, de température, de lumière, etc. Aussi, est-il peu de planètes dans chaque système stellaire où il trouve son *habitat*, et certaines régions du ciel en sont-

elles complètement dénuées. Mais si l'on songe
que chaque étoile est généralement le centre
d'un cortège planétaire ; que William Herschel
en compte 18,000,000 dans la seule voie lactée;
que ce groupe n'est qu'une des composantes de
l'Univers visible, et que cet Univers lui-même
ne représente qu'un point de l'immensité, on est
autorisé à conclure que le nombre des globes
habités par des espèces supérieures est incalculable. Nous pouvons même aller plus loin dans
cette voie et avancer que certaines planètes privilégiées doivent posséder des êtres mieux doués
que nous. La nature est loin d'avoir incarné
dans le monde sublunaire toutes les possibilités
organiques. Les forces vitales se trouvant toujours limitées dans leur action, soit par le volume du milieu au sein duquel elles opèrent,
soit par les circonstances ambiantes, ne sauraient parcourir sur un seul globe l'échelle entière des formes vivantes. La flore et la faune
de chaque planète ne représentent qu'une fraction insignifiante, un essai partiel et incomplet
de la flore et de la faune universelle, création
immense qui échappera éternellement à nos
appréciations. Prétendre que notre petit sphéroïde, aux dimensions si restreintes quand on le
compare à Jupiter et à Saturne, ou même à
Uranus et Neptune, a dit le dernier mot dans

le domaine de la vie en façonnant l'*homo sapiens*, c'est vouloir circonscrire dans les bornes de notre entendement la puissance de la nature et son inépuisable fécondité. Rappelons-nous que le degré de l'activité intellectuelle dépend du volume du cerveau, du tissu de cet organe et du nombre de ses circonvolutions. Comme il est rationnel d'admettre qu'il existe nombre de planètes mieux appropriées que la nôtre à l'action des forces organiques, on peut parier l'infini contre l'unité qu'il se trouve aux divers points de l'Univers des êtres mieux partagés que nous sous le rapport du développement cérébral, et par suite, des humanités supérieures à l'humanité terrestre. La science ne saurait montrer à l'égard de telle race les rigueurs qui la rendent inaccessible à la plupart des telluriens. Les forces cosmiques domptées et maîtrisées y deviennent autant d'éléments d'une haute civilisation, et l'électricité, qui est encore pour nous un Protée insaisissable, doit être entre leurs mains un instrument souple et fécond, un levier d'une puissance incalculable. Sous l'impulsion de ce courant scientifique qui embrasse toutes les branches de l'activité, l'empirisme routinier de notre état social fait place à des institutions rationnelles basées sur les grandes lois économiques qui régissent l'évolution des sociétés. Est-ce à dire que ces êtres privilégiés ont inauguré l'ère de la justice, but suprême vers lequel convergent les efforts de toute humanité qui a conscience d'elle-même et de ses destinées ? Il serait, pensons-nous, téméraire de l'affirmer. Quelles que soient les aptitudes et les moyens d'action d'une race, quelques soins qu'elle prenne à agrandir et à féconder le champ planétaire pour assurer la question des subsistances, base de toute vie politique et sociale, elle ne saurait échapper à l'inexorable loi de Malthus, à moins que, par des circonstances difficiles à prévoir, mais qu'il serait peut-être imprudent de regarder comme imposible, tant la nature est inépuisable dans ses manifestations, le chiffre des naissances ne fût en équilibre avec celui des décès. Si, comme chez nous, la marche de la population est plus rapide que celle des subsistances, il arrive un moment où nombre de vies humaines doivent disparaître, brutalement moissonnées par la faim. Il ne saurait être question de paix entre les peuples, de justice entre les hommes, tant que les uns et les autres se trouvent dominés par une nécessité implacable et de tous les instants : la lutte pour l'existence. On peut concevoir des humanités plus viriles que la nôtre, offrant un ordre social mieux équilibré et plus sagement conçu, mais il n'est guère probable qu'il existe une seule planète où le bien soit sans mélange et n'ait pour antithèse le mal.

Quelque écourtée que soit cette analyse du monde organique, elle suffira, pensons-nous, pour donner une idée de ce qu'il faut entendre par globe habitable. L'état imparfait de nos connaissances tant en astronomie qu'en biologie, nous interdit de pénétrer plus avant dans le sujet, et les nombreux points d'interrogation dont nous avons parsemé notre récit disent assez les difficultés du problème. Ces points obscurs s'illumineront-ils un jour des clartés de la science ? Espérons-le, du moins pour quelques-uns, car les merveilleuses découvertes accomplies dans ces derniers temps par l'analyse de la lumière permettent plus que jamais de répéter le mot d'Arago : Il ne faut pas désespérer du génie de l'homme. Un fait semble déjà hors de conteste, c'est que l'action vitale qu'on croyait le privilège de quelques planètes peut tout aussi bien se manifester sur un soleil éteint, et en général sur tout globe refroidi. Envisagé à ce point de vue, la vie apparaît comme une conséquence naturelle de l'évolution des astres, comme un des stades de leur parcours, et si quelques-uns demeurent stériles, c'est que leur surface est privée de la nappe liquide, sans laquelle les forces vitales ne sauraient entrer en scène. La phase organique marque le point culminant de la carrière d'un corps céleste et, si j'ose dire, sa destinée suprême. Lorsqu'il a cessé de rayonner dans l'espace, l'énergie calorifique qui caractérise sa première période, il la replie en lui-même, et par une de ces transformations de forces qui sont le secret de la nature, il se revêt de la livrée de la vie, au moment où il voit s'ouvrir devant lui l'ère des ténèbres, et s'en pare comme du linceul qui doit l'ensevelir dans la nuit éternelle. Cet instant ne représente qu'un point dans l'échelle des températures, car il n'embrasse qu'une soixantaine de degrés centigrades, mais il en est tout autrement dans l'échelle des âges et sur des globes d'un grand diamètre ou qui se trouvent placés au voisinage d'une étoile, il se compte par myriades de siècles, on pourrait presque dire par éternité. Un autre fait s'impose à notre esprit, non, cette fois, avec l'évidence du précédent, mais avec un degré de probabilité qui touche à la certitude. Nombre de planètes possèdent des humanités rappelant la nôtre, sinon par le côté physique, du moins par le côté moral. Quelques-unes, comme l'humanité terrestre, présentent à l'heure qu'il est un épanouissement tout viril ; d'autres s'éteignent et vont passer à l'état fossile, anéanties par l'épuisement ou par le froid ; d'autres enfin sont encore à l'état embryonnaire, la planète qui les porte entrant à peine dans la phase organique. Sur les globes de grands diamètres, elles peuvent atteindre des proportions titaniques, et si l'énergie cérébrale est dans une certaine mesure en rapport avec la taille elles sont, vis-à-vis de nous, au point de vue intellectuel, ce que serait le génie d'un Newton à l'égard d'un sauvage de l'Australie. Ces races privilégiées, n'ignorant pas qu'elles ont des sœurs aux divers points de l'espace, cherchent sans doute à deviner quelque chose de leur état physique ou social, mais savent qu'elles ne pourront jamais entrer en correspondance avec elles. Tels sont les renseignements que nous offre l'étude comparée des sciences en apparence les plus disparates, celle du ciel et celle de la vie. En réalité, ces deux branches de nos connaissances sont unies par des liens si étroits qu'il est impossible d'arriver à une conception complète de l'une sans s'éclairer du flambeau de l'autre. C'est par l'énorme vitesse qui anime les mouvements des corps célestes, par la grandeur imposante de leurs masses, par l'ordre admirable qui règle leurs orbites que la nature manifeste sa formidable énergie. C'est dans les merveilles de la vie qu'elle déploie ses magnificences et qu'elle révèle sa personnalité en se résumant dans un sublime chef-d'œuvre : l'être pensant.

TABLE DES MATIÈRES

LIVRE PREMIER. — LA NÉBULEUSE.

Chapitre Ier. — Les grands facteurs de l'Univers.	1
Chapitre II. — L'atome impondérable et le mouvement.	9
Chapitre III. — L'atome pondérable et la matière.	24
Chapitre IV. — Groupement des corps célestes.	43
Chapitre V. — Etapes diverses que parcourt chaque étoile.	59

LIVRE II. — LA PLANÈTE.

Chapitre premier. — Formation du monde solaire.	85
Chapitre II. — Le Soleil.	97

Chapitre III. — Mercure et Vénus............ 125
Chapitre IV. — La Terre................... 143
Chapitre V. — La Lune................... 169
Chapitre VI. — Mars et les planétoïdes........ 205
Chapitre VII. — Monde de Jupiter............ 221
Chapitre VIII. — Monde de Saturne........... 234
Chapitre IX. — Uranus. — Neptune. — Planète transneptunienne...................... 248
Chapitre X. — Comètes. — Etoiles filantes. — Bolides. — Aérolithes. — Lumière zodiacale. 264

LIVRE III. — LA VIE.

Chapitre premier. — Stade organique des corps célestes. — Conditions qu'ils doivent remplir pour devenir habitables.................. 293
Chapitre II. — L'*homo sapiens* sur les autres planètes................................. 314

Foix, imp. V° Pomiès. — 534.

www.ingramcontent.com/pod-product-compliance
Lightning Source LLC
Chambersburg PA
CBHW060328170426
43202CB00014B/2702